Élőhely

Természet- és tájkonstrukciók

Habitat

Nature and Landscape Constructs

Élőhely

Természet-
és tájkonstrukciók

Habitat

Nature and Landscape
Constructs

Szépművészeti Múzeum – Magyar Nemzeti Galéria
Museum of Fine Arts – Hungarian National Gallery
2025

TARTALOM

CONTENTS

A Magyar Nemzeti Galériában megrendezett *Élőhely* kiállítás címében is utal a művészet és az élőhelyünkként szolgáló természetes környezet érzékeny viszonyára. A 21. század nagy kihívása, hogy az emberiséget kiszolgáló mezőgazdasági és ipari termelés, áru- és személyforgalom és a hozzájuk kapcsolódó energiafogyasztás rendkívül súlyos, bolygónk ökológiai egyensúlyát felborító környezeti hatásokkal jár. Egyre nyilvánvalóbb mindenki számára, aki felelősséget érez az emberiség jövője iránt, hogy a globális ökológiai katasztrófa csak elkötelezett és mélyreható közös erőfeszítéssel kerülhető el.

A természet tudományos és köznapi felfedezésének története az emberiség őstörténetéig nyúlik vissza. A világ megismerése, a benne való tájékozódás és a megszerzett tudás által a gyűjtögetés és a vadászat önellátó karaktere az ember és a természet szimbiózisán alapult. Az élelmiszer- és nyersanyagfeldolgozás a civilizációk kialakulásával szisztematikus, rendszerezett termeléssé vált: az egyensúly megtalálása a környezet megóvása és kiaknázása között már csak tudatos stratégiákkal valósítható meg. Az ember dominanciája e folyamatban kezdetben vallásos elképzeléseken alapult, az élővilág hierarchiájában elfoglalt kiemelt szerep azonban ahhoz vezetett, hogy az ökoszisztéma kibillen egyensúlyából. A ma sokat emlegetett „antropocén" korszak-meghatározás is arra utal, hogy az ember jelenléte oly sok területen hatott a természetes környezetre, hogy az egy új földtörténeti korszak meghatározását teszi szükségessé.

A kiállítás bemutatja, hogy a művészet az elmúlt kétszáz évben hogyan reagált a természetes környezet megváltozására, hogyan jelent meg annak a felismerése, hogy az ipari és mezőgazdasági termelés nagyiparivá válásával megváltozott a természet fogalma, és hogy az ahhoz fűződő viszonyaink sokfélesége milyen módon jelent meg a képzőművészeti alkotásokban.

A tárlaton látható történeti és kortárs művek a művészet történetét olyan folyamatnak írják le, amelyben a témák, szemléletmódok ciklikusan újra és újra megjelennek. Az időben hozzánk közel eső alkotások már magukon viselik a technológiai fejlődés lenyomatát, a 20. század irányzatainak sokféleségét, és lehetőséget adnak a nézőnek arra, hogy szembesüljön saját álláspontjával és felelősségével ebben az egész emberi világunk jövőjét befolyásoló kérdéskörben.

Baán László
főigazgató
Szépművészeti Múzeum – Magyar Nemzeti Galéria

The historical and contemporary works shown in the exhibition illustrate art history as a process in which themes and approaches recur cyclically. Works nearer in time to our own day already bear the imprint of technological development and the diversity of twentieth-century trends, allowing the viewer to contemplate their own attitudes and responsibility in relation to issues that affect the future of our entire world.

The title of the Hungarian National Gallery's *Habitat* exhibition is a reference to the fragile relationship between art and the natural environment in which we live. In the twenty-first century, we are faced with a major challenge: agricultural and industrial production to meet human needs, and the transportation of goods and people, along with the associated energy consumption, have extremely serious consequences that are disrupting the ecological balance of our planet. It is becoming increasingly clear to anyone with a sense of responsibility for the future of humanity that global ecological catastrophe can be avoided only through shared commitment and far-reaching efforts.

The scientific and everyday exploration of nature dates back to the prehistory of humanity. Through knowledge of the world, orientation within it, and acquired skills, the self-sufficient character of gathering and hunting was based on the symbiosis of human beings and nature. The processing of food and raw materials was organised into systematised production with the development of civilisations: a balance between the protection and exploitation of the environment can now be achieved only by means of deliberate strategies. The dominance of human beings in this process was initially based on religious notions, although the privileged role claimed by humanity in the hierarchy of the living world now threatens the balance of its ecosystem. The contentious term "Anthropocene Epoch" is another allusion to the fact that human existence has had such a far-reaching impact on the natural environment that the designation of a new geological period is required to describe it.

This exhibition demonstrates how art in the past two hundred years has responded to the change in the natural environment; how it has reflected the way in which the transformation of industrial and agricultural production into large-scale manufacturing has altered our concept of nature; and how our many ways of relating to nature have found expression in works of fine art.

László Baán
General Director
Museum of Fine Arts – Hungarian National Gallery

Bevezető

Élőhely

Természet- és tájkonstrukciók

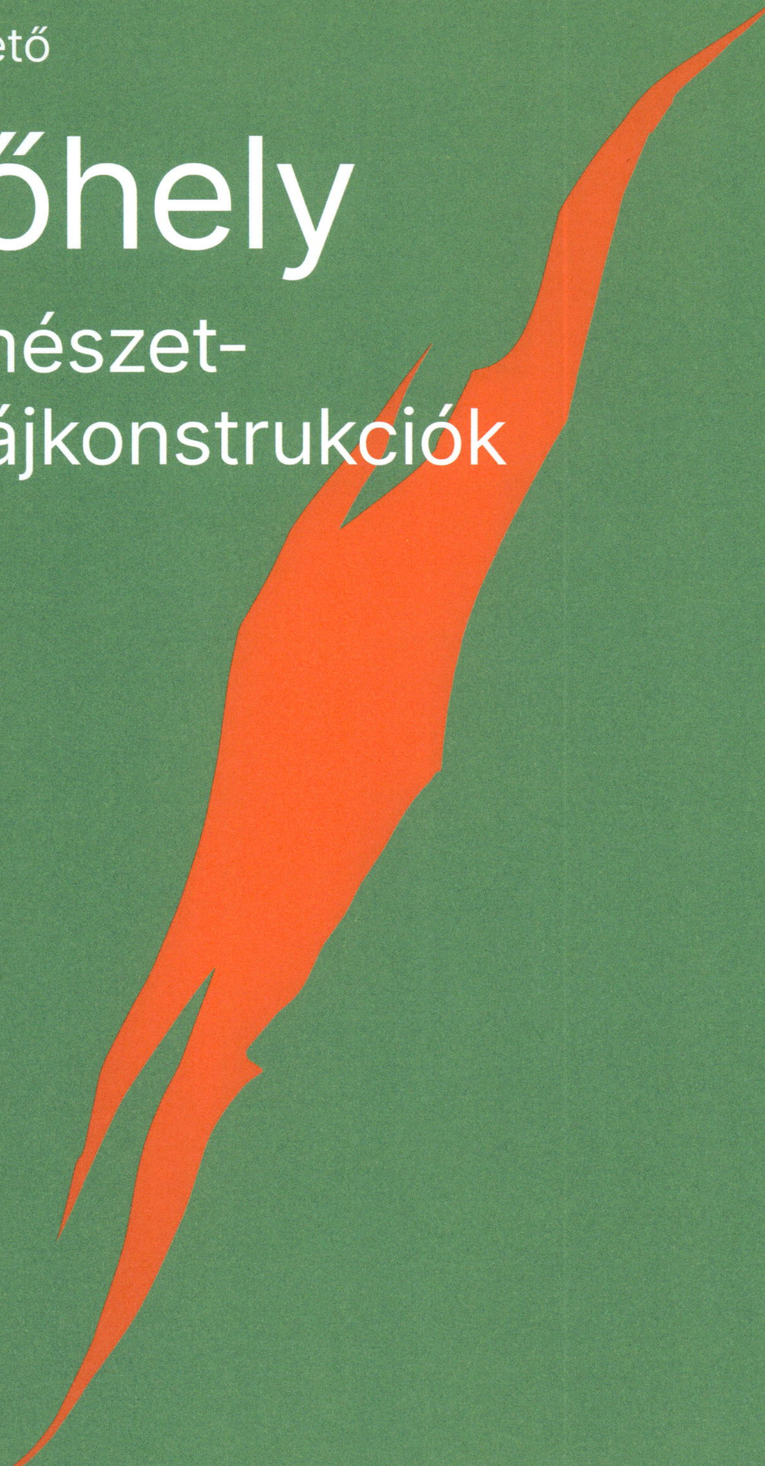

A klímaválság, a természeti erőforrások kizsákmányolásának kérdése és az egyre fenyegetőbb ökológiai katasztrófa az elmúlt tíz évben meghatározó témává vált mind a nemzetközi, mind a hazai képzőművészeti diskurzusban. Az ökológiai válság tudatosítása és a párhuzam feltárása a késő kapitalizmus kultúrájával számos műalkotás, projekt és kiállítás központi témája. A Magyar Nemzeti Galéria *Élőhely* című kiállítása ezt a problémakört tágabb kontextusba helyezve keresi a választ többek között arra, hogy hogyan tudjuk újradefiniálni a természet és a kultúra kapcsolatát, milyen szerepet játszik az ember a természet átalakításában, hogyan válik maga is a táj részévé, vagy hogyan alakítja át azt az igényei szerint.

A kiállítás a Szépművészeti Múzeum *A logika rendszerei / A rendszerek logikája. Agnes Denes művészete* című monografikus tárlatával rokon témát jár körül, az ökológiai gondolat művészettörténeti kontextusát vizsgálja a 19. századtól napjainkig.
A kiállításon szereplő művek többsége a Magyar Nemzeti Galéria és a Szépművészeti Múzeum gyűjteményeinek – a Szépművészeti Múzeum Grafikai Gyűjteményének, a Magyar Nemzeti Galéria Grafikai Gyűjteményének, 1800 utáni Nemzetközi Gyűjteményének, 19–20. századi Festészeti Gyűjteményének és Jelenkori Magyar Gyűjteményének – darabjai, amelyeket az elmúlt évek legkurrensebb tendenciáinak teljesebb bemutatása érdekében kölcsönzött kortárs művek egészítenek ki.

A tárlat egyik kiindulópontja a természet megismerésére irányuló emberi törekvések bemutatása. Az emberiség története során mindig is központi helyet foglalt el a világ és a természet megismerésének vágya, mely nemcsak a tudományos fejlődés egyik hajtóereje, de a művészeteknek – mely önmagában egy sajátos megismerési forma – is állandó témája. A képzőművészet egyrészt saját vizuális nyelvével tolmácsolja a természeti látványt, másrészt állandó kapcsolatban van a természettudományos diskurzus eredményeivel. Az elmúlt évtized során az antropocén kor fogalmának létjogosultsága és meghatározása körül élénk diskurzus jött létre a legkülönbözőbb tudományterületeken. Az új földtörténeti korszak elméletét nem fogadták el a természettudományos körökben, a felvetés azonban termékeny talajra talált az esztétika- és filozófiatudományban, valamint a kortárs művészetben. Az elnevezés az „ember korát" jelöli; amikor az emberi tevékenység kimutatható hatással van a Föld felszínének és légkörének összetételére. Ez a folyamat együtt jár saját élőhelyünk pusztításával és lakhatatlanná tételével. Az antropocén kor kezdetében nincs konszenzus; több felvetés is született. Az elképzelések a tűz „feltalálásától" a nukleáris fegyverek bevetéséig, illetve az azt követő időszak modern fogyasztói társadalmának kialakulásáig, az 1950-es évekig terjednek. A legáltalánosabb álláspont szerint az antropocén kezdőpontja az ipari forradalom időszaka.

Kurátori koncepciónkban ezt az időszakot jelöltük meg a kiállítás kezdőpontjaként, mivel ekkor kezdődött meg a nem megújuló energiaforrások rendszerszintű, ipari léptékű kiaknázása. Másrészt ebben az időszakban az ember teljes mértékben eltávolodott az organikus, kölcsönösségen alapuló világnézettől, melyben az ember, az állatvilág, a növények és az elemek egymással mellérendelő viszonyban állnak, és amely világnézethez való visszatérés jelenti mai ökológiai gondolkodásunk kulcsát. A természet organikus felfogásáról a mechanikus, a természetet az embernek alárendelt gépezetként felfogó világképre törénő átállást természettudományos felfedezések egész sora készítette elő, amely a mindenkori ember világnézeti perspektívaváltásával és saját helyzetének felülvizsgálatával járt.

A természet törvényeinek vizsgálata, megismerése és megértése az emberiség történetével egyidős, ezek az elméletek és felfedezések a mai napig formálják a világról és az ember abban elfoglalt helyéről alkotott látásmódunkat. A nyugati világban a 16. századig uralkodó geocentrikus világképet Kopernikusz nyomán felváltotta a heliocentrikus világkép. Az ember elvesztette addigi kiváltságos helyzetét, a Föld a világ központjából annak egy kisebb bolygójává vált. Galileo Galilei távcsöves megfigyelései és Johannes Kepler bolygómozgási törvényei hozzájárultak ahhoz, hogy az univerzumot leírható, kiszámítható, mechanikus rendszerként értelmezzük. A nagy földrajzi felfedezések korának lezárultával, a gyarmatbirodalmak létrejöttével a 19. századra megtörtént a bolygó teljes birtokbavétele. Ez drasztikus változásokhoz vezetett az ember természethez való viszonyulásában: a táj végleg átlényegült tulajdonná, potenciális erőforrássá.

A 20. századi tudományos fejlődéssel, a Holdra szállással és az űrszondákkal újabb perspektívaváltás következett be. Már nemcsak tudományosan leírható és látható a Naprendszer, hanem elérhető és adott esetben kizsákmányolható is.

Az emberi perspektívák változásával párhuzamosan, folyamatosan változik a természetről alkotott felfogásunk is. A *természet* egy kulturális konstrukciók mentén meghatározott fogalom, amelyet a művészek is az adott kor felfogása szerint interpretálnak. A leírt világnézeti változásokkal párhuzamosan a természet egyre inkább a tájon keresztül értelmeződik az ember számára. A *táj* az ember számára esztétikai, tudományos vagy gazdasági tekintetben értéket hordozó, az emberi szükségletek kielégítését szolgáló konstrukcióként vált a természetfelfogásunk szinte egyedüli megtestesítőjévé. Ennek következtében a művészeti ábrázolások és reflexiók is jellemzően a tájat jelenítették meg, mely szintén az ember saját képére szabott természetparadigmáját erősítette. Művészettörténeti értelemben a táj ábrázolása több mint egyszerű vizuális reprezentáció: minden korban komplex fogalmakon keresztül definiálódik. Ilyen összetett fogalomrendszer érzékelhető például a topografikus és egyben történeti, esetleg dinasztikus érdekeket közvetítő, leíró ábrázolásokon, vagy az alkotó objektívnek vélt tájképén, amelyen a kiemelés gesztusa által a szubjektív értékrend mégis feltételezhető. A kiállítás hat, egymással összefüggő szekcióban vizsgálja ember és táj kapcsolatát, a természet fogalmának alakulását.

Míg a szekciókban körüljárt szempontok a tárgyalt időszak különböző időpillanataiban jelentek meg, elmondható, hogy egytől egyig hatással vannak napjaink természetfelfogására, és – ha még, vagy már nem is jelentik az uralkodó álláspontot – ma is fellelhetők a társadalomban. Éppen ezért a tárlat elsődleges célja a kérdésfelvetés és az önvizsgálatra való invitálás. A felsorakoztatott, egymással hol párbeszédre lépő, hol egymásnak ellentmondó szekciók áttekintése révén a látogató felmérheti és tudatosíthatja, hogy mely attitűdök jelennek meg a saját, természethez fűződő viszonyában és mi ezek forrása. Ennek nyomán az a kérdés is felmerülhet, hogy melyek azok az megközelítések, amelyeket akár egyénként, akár közösségként követendőnek ítélünk a jövőre nézve.

A kiállított művek első csoportjában a romantikus festészetben megjelenő *fenséges* esztétikai kategóriájának 19. századi és kortárs interpretációit járjuk körül. Az ipari forradalom hatására megerősödő indusztrializációval és urbanizációval, valamint az ezekkel együtt járó társadalmi problémák kialakulásával párhuzamosan és minderre egyfajta reflexióként a festészetben beköszöntött a romantika kora. A felvilágosodás racionális és tudományos szemléletével szemben a romantikában az ember érzelmi élete és szubjektív élményei kerültek a fókuszba, ami a természethez is újfajta viszonyulást jelentett. A táj a szabadság, a magány, az útkeresés és az ember belső konfliktusainak szimbólumává vált. A fenséges tájban a természet erőinek egyszerre lenyűgöző, áhítatot keltő, félelmet ébresztő és tiszteletet parancsoló minőségét is megtapasztaljuk. A veszély lehetősége – a vulkánkitörések, végtelen viharos tengerek vagy leküzdhetetlen hegyek ábrázolása – meghatározó eleme a fenséges minőségnek. A 21. századra a klímaváltozás hatásai miatt a korábban a tudomány eszközeivel ismertnek, meghatározhatónak tartott természet erői ismét kiszámíthatatlan, kontrollálhatatlan, fenyegető tényezőkké lettek.

A második szekcióban olyan művek láthatók, amelyek az ember által okozott tájátalakítás, az iparosodás, bányászat, éghajlatváltozás és a fosszilis iparágak környezeti hatásaira reflektálnak. Az ipari forradalomtól kezdődően a technológiai újítások lehetővé tették a természeti erőforrások rendkívüli mértékű felhasználását, iparcikkek és élelmiszerek tömegtermelését. Mindezen változások hatással voltak a természet és a táj fogalmára: a látóhatáron feltűntek a füstölgő gyárkémények, a vasútvonalak, a bányák és a végtelen termőföldek. A 19. században a művészet történetében először jelent meg az ember által roncsolt, mesterségesen átalakított táj ábrázolása, mely az iparosodás és a modernizáció kritikai reflexiójaként is értelmezhető. A jelen késő kapitalista korszakának környezeti kihívásai – az éghajlatváltozás, a globális léptékű környezetszennyezés és a biodiverzitás csökkenése – a kortárs művészeti praxisokban is gyakran megjelenő témák. A kiállítás e szekciójában különböző egyéni nézőpontokon keresztül jelennek meg az emberi beavatkozás negatív hatásai.

Az első társadalmak kialakulásával párhuzamosan jelent meg a közvetlen természeti környezettel való foglalkozás. Az épített környezettel egyidős a különböző kertek megalkotása; a táplálékszerzés és gyógyítás, valamint a rituális cél mellett fokozatosan az élvezeti, esztétikai funkciók is teret nyerhettek. A reprezentatív építkezésekkel párhuzamosan a hasonlóan nagy léptékű parkok kialakítása kultúráktól függetlenül megfigyelhető, korszakonként és eszméktől függően eltérő szemlélettel, de hasonló alapvető emberi igények alapján. A megtervezett tájban az ember számára fenyegető természeti tényezők nagy része kontrollálhatóvá, megismerhetővé vált. A zöldfelületekhez hasonlóan az elkerített tájvédelmi területek nagyobb léptékben, de hasonló célokat szolgálnak, itt azonban a tanulmányozás mellett a konzerválás is hangsúlyos szerephez jutott. A tudományos megfigyelések nyomán az ember képessé vált a precízebb, hatékonyabb gondoskodásra, így létrejöhetett egy kétirányú, előnyös kapcsolat az ember és természeti környezete között. A környezetről való gondoskodás a legritkább esetben önzetlen, a klímaválság árnyékában azonban megjelenik egy a korábbiaknál erősebb kölcsönös függőségi viszony. Az emberi tevékenység által veszélyeztetett fajok fennmaradásához szükséges a közbeavatkozás, és a természeti környezet megőrzése az emberiség jól felfogott érdeke is. A konstruált tájak létrehozása, különösen az urbánus terekben, kiemelt fontosságú feladattá vált. A kiállítás harmadik műtárgycsoportjába ennek a kettős viszonynak a problémáival, a gondoskodás különböző megnyilvánulási formáival foglalkozó alkotások kerültek.

A kiállítás *Tájkísérletek* szekciójában olyan művek kaptak helyet, amelyeknek a természet nemcsak témája, hanem „anyaga", aktív alkotóeleme is. A kiállított műcsoporton keresztül a tárlat reflektál az 1960-as, 1970-es években az Egyesült Államokban és Nyugat-Európában indult land art irányzatra, melynek jellemzője volt a táj nagy mértékű, olykor a helyi ökoszisztémát is megváltoztató átalakítása. Ez az alkotói attitűd nem lépett ki a nyugati világban fennálló, az emberi akaratot a természet fölé rendelő hozzáállásból. A szekcióba a kelet-közép-európai régióból, többnyire Magyarországról olyan művek kerültek, melyekben az efemer jelleg dominál, a tájba jellemzően nem történik maradandó beavatkozás. A kiválasztott munkák esetében jellemző, hogy invazív tájátalakítás helyett a művészek különböző tárgyakat, anyagokat helyeztek a tájba, vagy performatív cselekvésekkel, gesztusokkal lépnek interakcióba a környezettel.

A kiállítás *Kiűzetés előtt, kiűzetés után* című szekciójában a nyugati gondolkodást évszázadok óta meghatározó, a felvilágosodás idején megszilárduló természet–kultúra ellentétpárját valamilyen módon megkérdőjelező művek kaptak helyet. Megjelenik bennük az utópisztikus, reményteli attitűd is, mely azt sugallja, hogy az ember visszatérhet a természethez. Jellemzőbb azonban, hogy az alkotók az ideált a jelen civilizációjának keretein kívül találják meg, ezzel jelezve, hogy az ellentét feloldása a történelem e pontján nem tűnik elérhetőnek.

A kiállítás utolsó szekciójában olyan műveket mutatunk be, amelyek a tájban élő emberek, állatok, növények belső nézőpontjának narratíváját közvetítik a néző felé. A táj aktív ágensként való reprezentálása olyan társadalmi változások hatására nyert teret a művészetben, mint az uralkodó hatalmi struktúrák kritikai felülvizsgálata, a dekolonizációs folyamatok vagy a társadalmi nemek emancipációja. Az itt látható művek átértelmezik a felvilágosodás korától kezdve uralkodó karteziánus természetinterpretációt, mely szerint minden embertől elkülönített élőlény mechanikusan működik, tehát önálló döntési képességgel nem bír. Az állatok, növények, nem-emberi minőségek, sőt maga a természet is cselekvőként értelmeződik: a saját életciklusukban alakítójává válnak élőhelyüknek és környezetüknek. A nézőpontjukból bemutatott természet sosem tárgyiasul. Saját történetük közvetett elmesélésével közelebb kerülhetünk a megértésükhöz, a Föld minden élőlénye közötti rokonság (kinship) feltárásához.

A kiállítással a természet és az ember kapcsolatának átfogó, interdiszciplináris vizsgálatát mutatjuk be. A téma elméleti kiindulása rendkívül szerteágazó és kurrens. Számos művészcsoport foglalkozik a kérdéssel: hazai és nemzetközi alternatív kiállítótérben, galériában vagy közintézményben találkozhatunk kapcsolódó kiállításokkal. Publikációk, kiadványok, kerekasztal-beszélgetések és konferenciák egész sora foglalkozik az egyre fenyegetőbbé váló ökológiai katasztrófa problémájával, valódi megoldásokat viszont sem lokálisan, sem globálisan nem sikerült eddig találni. Az egyik kulcs annak a felismerése lehet, hogy élőhelyünk pusztulása nem csak a jelen és nem csupán az egyén problémája. Az itt kiállított művek hatására megerősödhet bennünk a természet iránti empátia képessége.

Introduction

Habitat

Nature and Landscape Constructs

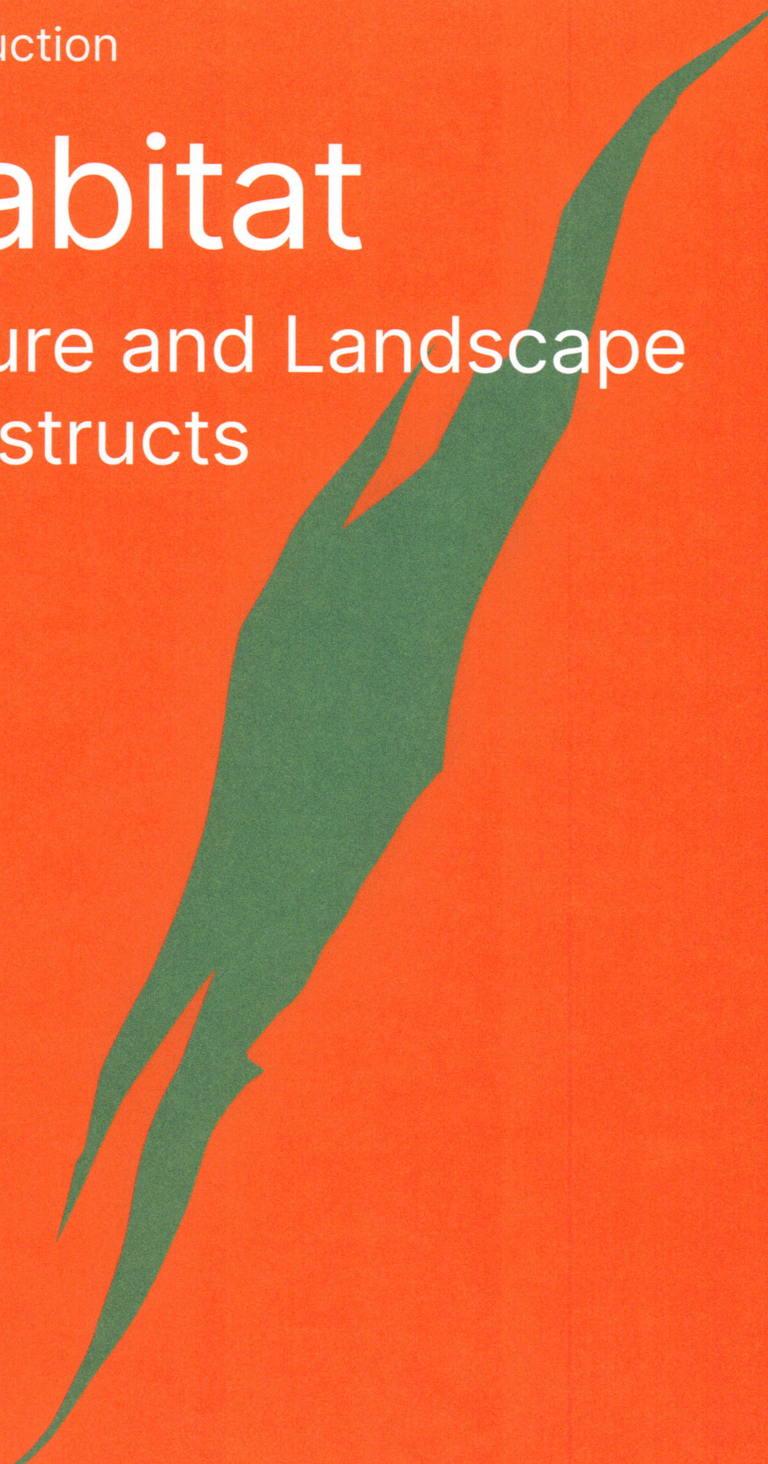

The climate crisis, the over-exploitation of natural resources, and the growing threat of ecological catastrophe have become defining themes in international and Hungarian fine arts discourse during the last ten years. Awareness raising on the ecological crisis, and the exploration of parallels with late capitalist culture, are themes central to numerous artworks, projects, and exhibitions. By placing these issues in a broader context, the Hungarian National Gallery's exhibition *Habitat* seeks, among other things, to identify how the relationship between nature and culture can be redefined, what role human beings play in the transformation of nature, how we ourselves become part of the landscape, and how we transform the landscape for our own ends.

Addressing similar themes to the monographic exhibition *Systems of Logic / Logic of Systems. The Art and Mind of Agnes Denes* at the Museum of Fine Arts, *Habitat* explores the art historical context of the concept of ecology from the nineteenth century to the present day.

The majority of the works featured in the exhibition belong to the collections of the Hungarian National Gallery and the Museum of Fine Arts – the Collection of Prints and Drawings at the Museum of Fine Arts, and the Hungarian National Gallery's Collection of Prints and Drawings, Collection of International Art after 1800, Collection of Nineteenth- and Twentieth-Century Paintings, and Collection of Contemporary Hungarian Art – supplemented by loans of other contemporary works in order to provide a more comprehensive overview of the latest trends in recent years.

One of the aims of the exhibition is to illustrate the human aspiration to understand nature. A thirst for knowledge of the universe and nature has occupied a central place throughout the history of humankind, not only driving scientific progress but also becoming a permanent theme in the arts – which are, in themselves, a specific form of knowledge acquisition. On the one hand, fine art translates the appearance of nature into its own visual idiom, while on the other hand, it is permanently engaged with the outcomes of scientific discourse. Over the past decade, a vibrant discourse has arisen in the most diverse scientific disciplines concerning the justification for and definition of the concept of the Anthropocene Epoch. The proposed new geological era has not been accepted in scientific circles, although the idea has found fertile ground in disciplines such as aesthetics and philosophy, as well as in contemporary art. The name denotes "the age of human beings", an epoch in which human activity has had a demonstrable impact on the composition of the Earth's surface and climate. This process has been accompanied by the destruction of our own habitat, which is moving closer to uninhabitability. There is no consensus as to when the Anthropocene Epoch began, although several suggestions have been made. Proposals range from the “discovery” of fire to the deployment of nuclear weapons – or to the subsequent period, the development of modern consumer society in the 1950s. According to the most widely accepted view, the beginning of the Anthropocene was the period of the Industrial Revolution.

It is this period that we took as our starting point for the present exhibition, as it marks the beginning of the systematic, industrial-scale exploitation of non-renewable sources of energy. This was also when humankind entirely abandoned the organic worldview, based on reciprocity, in which human beings, the animal kingdom, plants, and the forces of nature exist in coordination with one another, while a return to this worldview lies at the heart of modern ecological thinking. A series of scientific discoveries paved the way for the switch from an organic understanding of nature to a mechanistic approach, in which nature is perceived as subordinate to human beings, leading to a change in the prevailing worldview and the re-examination of the human situation. The study, knowledge, and understanding of the laws of nature are as old as the history of humankind, and these same theories and discoveries continue to shape the way we see the world and the place of human beings within it to this very day. In the wake of Copernicus, the geocentric worldview that had prevailed in the West until the sixteenth century was replaced by heliocentrism. Human beings were stripped of their previously privileged position, as the Earth went from being the centre of the universe to no more than a minor planet. Galileo Galilei’s telescopic observations and Johannes Kepler’s laws of planetary motion contributed to our understanding of the universe as a mechanical system that can be described and predicted. By the late nineteenth century, with the end of the Age of Discovery and the emergence of colonial empires, humankind had assumed complete ownership of the planet. This led to a dramatic shift in our relationship with nature: the landscape was transformed definitively into an asset and a potential resource.

Scientific progress in the twentieth century, the Moon landings, and space exploration resulted in yet another change of perspective. Not only could the solar system be seen and described scientifically, but it also became something that could be accessed, and potentially even exploited.

In parallel with this shift in human perspectives, our understanding of nature is also constantly changing. *Nature*, as a concept determined according to cultural constructs, is interpreted by artists, too, according to the ideals of the given period. In parallel with the changes in worldview outlined above, it is increasingly as a landscape that nature becomes available to human interpretation. As a construct that conveys aesthetic, scientific, and economic values, and that serves to fulfil human needs, *landscape* became almost the unique embodiment of our understanding of nature. As a result, artistic depictions and reflections have typically been representations of landscapes, likewise reinforcing the paradigm of nature tailored to our own image. In an art historical sense, the depiction of landscape is more than simply a visual representation: in every age, it is defined by means of complex ideas. This conceptual complexity is apparent, for example, in depictions that convey topographical, and at the same time historical, and perhaps even dynastic interests, or in landscapes that the artist believes to be objective but in which a subjective value system can nevertheless be assumed by the very act of selection. In its six, interconnected sections, the exhibition examines the relationship between human beings and landscape, and the evolution of our concept of nature.

While the attitudes explored in the individual sections emerged at different moments within the period under discussion, each one can be said to have an impact on our present-day understanding of nature, and – even if these are no longer, or not yet, the prevailing attitudes – they are still to be found in society today. For this very reason, the primary goal of the exhibition is to raise questions and invite self-reflection. Viewed in turn, the sections enter into dialogue with one another, or contradict one another, allowing visitors to examine and acknowledge their own attitudes towards nature and to reflect on where those attitudes come from. This can also prompt reflection on which approaches should be followed in the future, either individually or as a community.

In the first group of works, we explore nineteenth-century and contemporary interpretations of the aesthetic category of the *sublime*, which emerged in romantic painting. The romantic age began in parallel with the industrialisation and urbanisation consolidated by the Industrial Revolution and the emergence of the associated social issues, and as a form of reflection on them in painting. In contrast to the rational, scientific attitude of the Enlightenment, romanticism focused on people's emotional lives and subjective experiences, giving rise to a new kind of relationship with nature. The landscape became a symbol of freedom, solitude, exploration, and inner conflict. In the sublimity of the landscape, we experience that aspect of the forces of nature that holds us in thrall, inspires devotion, awakens terror, and commands respect. The potential for danger – in the depiction of volcanic eruptions, storm-tossed seas, or unconquerable mountains – is a defining element of the sublime. By the twenty-first century, the forces of nature that had once been thought knowable and definable using scientific instruments once again became unpredictable, uncontrollable, and threatening owing to the impacts of climate change.

The second section features works that reflect on the environmental impacts of changes to the landscape caused by human activity – industrialisation, mining, climate change, and fossil industries. Beginning with the Industrial Revolution, technological innovations have made possible the exploitation of natural resources on an extraordinary scale, along with the mass production of industrial goods and food. All these changes have affected the concept of nature and landscape: our skylines are now dominated by smoking factory chimneys, railway lines, mines, and vast expanses of agricultural land. Representations of landscapes devastated and artificially transformed by human activity appear for the first time in art history in the nineteenth century and can be seen as a critical reflection on industrialisation and modernisation. The environmental challenges of the present, late capitalist era – climate change, global environmental pollution, and biodiversity loss – are themes that are frequently addressed in contemporary artistic practice. This section of the exhibition presents the negative environmental impacts of human activities from a variety of individual perspectives.

An interest in the immediate natural environment emerged in parallel with the development of the first societies. With the built environment came the establishment of various kinds of gardens: besides food production, healing, and ritual purposes, pleasure and aesthetic functions gradually came to the fore. In parallel with imposing architecture, the creation of parks on a similarly grand scale can be observed in every culture, and while approaches have differed depending on the period and its ideals, they have all served the same basic human needs. In designed landscapes, the threatening aspects of nature become largely controllable and knowable. Designated nature protection areas serve similar goals to green spaces, but on a larger scale, although conservation plays an important role here alongside scientific study. In the wake of scientific observations, stewardship has become more targeted and efficient, giving rise to a mutually beneficial relationship between human beings and the natural environment. Environmental stewardship is only undertaken for altruistic reasons in the rarest of cases, although in the shadow of the climate crisis, a stronger than ever relationship of mutual dependency has emerged. Intervention is vital if species endangered by human activities are to survive, while the conservation of the natural environment is also in the best interests of humanity. The creation of constructed landscapes, especially in urban spaces, has become a task of the utmost importance. Works that address the question of this two-directional relationship and illustrate different manifestations of stewardship form a third group in the exhibition.

The section *Landscape Experiments* features artworks in which nature is not only the theme but also the "material" and active component. Through this group of works, the exhibition reflects on land art, a trend that emerged in the United States of America and Western Europe in the 1960s and 1970s, characterised by large-scale transformations of the landscape and sometimes even changes to local ecosystems. This creative attitude was no different from the mindset in which the human will is considered superior to nature

– a mindset that still prevailed in the Western world. This section features works from East-Central Europe, and especially Hungary, that are dominated by ephemerality, and in which irreversible interventions were not typically made in the landscape. In the selected works, rather than invasively reshaping of the landscape, the artists placed various objects or materials in the landscape, or interacted with the environment by means of performative actions or gestures.

The *Before and After the Expulsion* section of the exhibition features works that in some way call into question the nature-culture antithesis that was reinforced during the Enlightenment and that has determined Western thinking for centuries. Some of these works convey a utopian, optimistic attitude, suggesting that humankind can return to nature. More often, however, artists locate the ideal outside the frameworks of our present civilisation, with the implication that the antithesis will not be resolved at this point in history.

The final section of the exhibition presents works that narrate the internal viewpoint of the people, animals, and plants that inhabit the landscape. The artistic representation of landscape as an active agent has gained ground in the wake of social changes such as the critical examination of prevailing power structures, the processes of decolonisation, and the emancipation of marginalised genders. The works on display here revisit the Cartesian interpretation of nature prevalent since the Enlightenment, according to which all living creatures other than human beings function mechanically and are thus incapable of independent decision making. In these works, animals, plants, and non-human entities, even nature itself, are defined as agents: within their own lifecycles, they are the shapers of their own habitat and environment. Nature, presented from their point of view, is never objectified. Through the indirect telling of their own stories, we come closer to understanding them and to discovering the kinship of all life on Earth.

The exhibition offers a comprehensive, interdisciplinary exploration of the relationship between nature and human beings. The theoretical inspiration behind it is far-reaching and relevant. Numerous groups of artists are exploring this issue, and related exhibitions can be found in Hungarian and international alternative exhibition spaces, galleries, and public institutions. Countless publications, articles, roundtables, and conferences are addressing the growing threat of ecological catastrophe, although no genuine solutions have been found to date, either locally or globally. One approach might be to recognise that the destruction of our habitat affects not only the present, and not just the individual. Inspired by the works on display here, our capacity for empathy with the natural world can find reaffirmation.

1. szekció

A fenséges táj

A fenséges táj meghatározó sajátossága a kettősség: egyszerre lenyűgöző és határtalanságában fenyegető. A természeti erők által formált, grandiózus, szinte befogadhatatlan tájban az ember eltörpül, kiszolgáltatottá válik, szembesül a kellemetlen igazsággal, hogy a természet erőivel szemben tehetetlen, akárcsak a bolygó többi élőlénye. A megrendítő tapasztalat egyszerre ébreszthet félelmet, tiszteletet és kelthet áhítatot.

Ezt először Edmund Burke fogalmazta meg 1756-ban, a *Filozófiai vizsgálódás a fenségesről és a szépről ideáink eredetét illetően* című írásában. A veszély lehetősége meghatározó eleme Burke szerint a fenséges esztétikai minőségének. A fenséges kategóriáját Immanuel Kant is tárgyalta. Először korai, *Megfigyelések a szép és a fenséges érzéséről* című, 1764-es értekezésében, majd részletesebben az 1790-ben, *Az ítélőerő kritikája* című írásában. Kant szerint a fenséges – azon belül a természet pusztító erőire is vonatkoztatható dinamikailag fenséges – olyan kategória, melynek értéke abban áll, hogy a természet mérhetetlensége az embert a félelmet meghaladó magatartásra sarkallja. A fenséges fogalmával mások is foglalkoztak, többek között Georg Wilhelm Friedrich Hegel, Arthur Schopenhauer vagy a neokantiánus Jean-François Lyotard, aki a fenséges fogalmának jelentőségét abban látta, hogy az ágyazott meg a 20. századi modernista művészetnek, amely megtörte a szép kategóriájának egyeduralmát.

A képzőművészetben a fenséges kategóriáját leginkább a romantika korszakához, azon belül is a romantikus tájképhez köthetjük. A 19. században az addig háttérbe szorított téma előtérbe kerülhetett. A drámai, határtalan táj, a sokszor szélsőséges természeti erők ábrázolása a 19. századi fenséges tájkép sajátja. A végtelenség, a befogadhatatlan térélmény okozta csodálat és félelem meghatározó jegyei ezen alkotásoknak. A festmények gyakran háborgó tengert, hatalmas hegyvonulatokat jelenítettek meg, ahol az ember védtelen a hatalmas természeti erőkkel szemben.

Ez a védtelenségérzet a technológiai fejlődéssel egyre inkább háttérbe szorult. A 21. századra azonban a klímaváltozás hatásai miatt a korábban a tudomány eszközeivel ismertnek, meghatározhatónak tartott természeti erők ismét kiszámíthatatlan, kontrollálhatatlan, fenyegető tényezőkké lettek. Az emberi tevékenység nyomai; a kiterjedt szeméthegyek és -szigetek, a fosszilis energia kinyerésére létrehozott telephelyek mérete, a szerverparkok vagy éppen a napelemparkok végtelensége korunk új, befogadhatatlan tájai. A klímaváltozás olyan változásokkal és problémákkal jár, melyek léptéke, összetettsége egyszerre bámulatba ejtő és félelmet keltő.

Section 1

Sublime Landscape

A defining feature of the sublime landscape is its duality: it is both enthralling and terrifying in its immensity. In the awe-inspiring, fathomless landscape, shaped by natural forces, human beings shrink into insignificance; we are obliged to acknowledge our vulnerability, the uncomfortable truth that we, like every other creature on the planet, are powerless against the forces of nature. This devastating realisation may awaken feelings of fear, reverence, and rapture.

This concept was first expressed by Edmund Burke in his 1756 treatise *A Philosophical Enquiry into the Origin of Our Ideas of the Sublime and Beautiful*. For Burke, the potential for danger is a defining element in the aesthetic quality of the sublime. The category of the sublime was also discussed by Immanuel Kant, first in an early work, the 1764 treatise *Observations on the Feeling of the Beautiful and Sublime*, then at greater length in his 1790 work *Critique of Judgment*. According to Kant, the category of the sublime – including the "dynamic sublime", which can be correlated with the forces of nature – is valuable in that the immensity of nature inspires human beings to adopt an attitude that transcends fear. The concept of the sublime has been addressed by other philosophers, too, including Georg Wilhelm Friedrich Hegel, Arthur Schopenhauer, and the neo-Kantian Jean-François Lyotard, for whom the importance of the concept of the sublime lay in its embeddedness in twentieth-century modernist art, which broke the hegemony of the category of beauty.

In the fine arts, the sublime is a category associated chiefly with the romantic period, and specifically with romantic landscape painting. Having long occupied a subordinate position, landscape came to prominence in the nineteenth century. The depiction of vast, dramatic vistas and often extreme forces of nature is a typical feature of nineteenth-century sublime landscapes. Awe and terror aroused by infinity and incomprehensible immensity are defining aspects of these paintings, which frequently depict stormy seas and lofty mountain ranges, while human beings appear powerless against the mighty forces of nature.

With technological progress, this sense of vulnerability gradually diminished. By the twenty-first century, however, the powers of nature, once considered knowable and measurable using scientific instruments, had again been rendered unpredictable, uncontrollable, and menacing by the impacts of climate change. Traces of human activity – huge waste dumps and landfills, vast sites for the extraction of fossil fuels, immense server farms, and even solar farms – are the new, incomprehensible landscapes of our age. The climate crisis is giving rise to changes and problems, the scale and complexity of which are both staggering and terrifying.

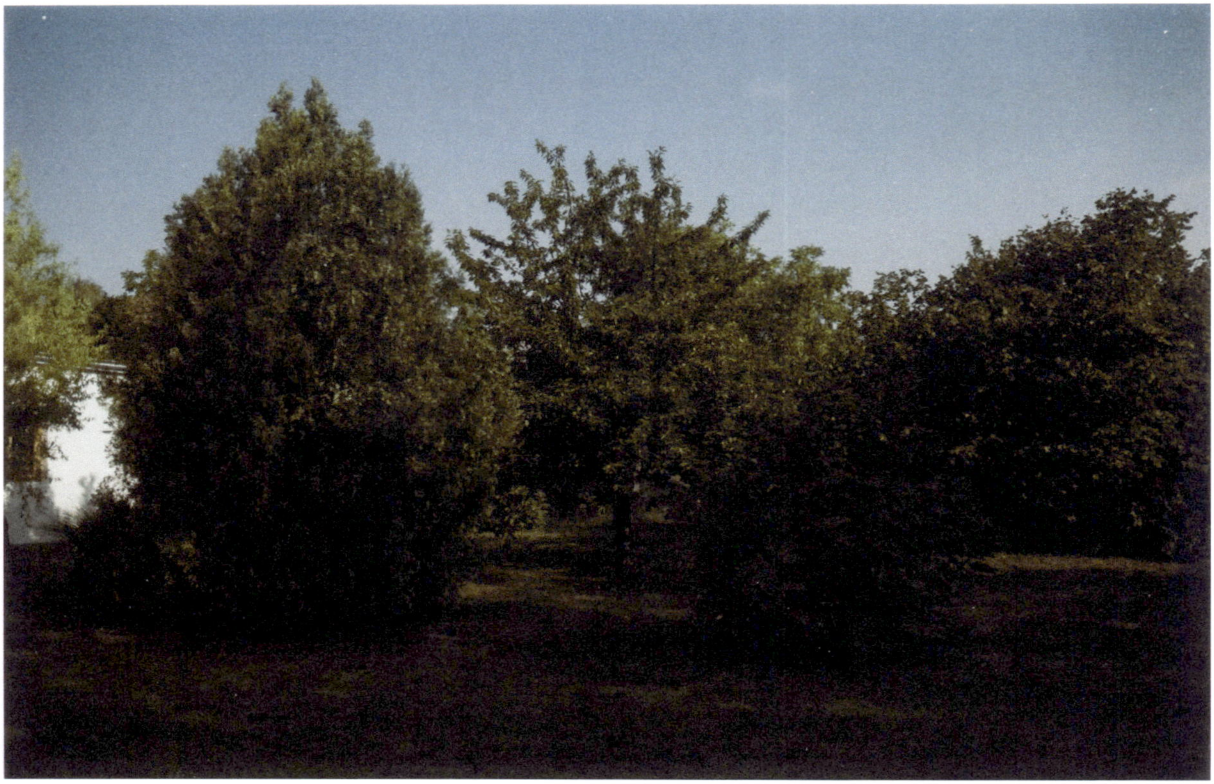

1. kat. sz.

iski Kocsis Tibor (1972)
Itt-ott, Hommage à Caspar David (triptichon), részlet

2012
Színes fotó, szén, papír

Cat. no. 1

Tibor iski Kocsis (1972)
Here-There, Hommage à Caspar David (triptych), részlet

2012
Colour photo and charcoal on paper

Iski Kocsis a természet határtalanságát az 1972-es Apollo–16 és –17 programok keretében történt holdra szálláskor készült fényképekről készített aprólékos szénrajzok és az emberi jelenlétet alig tükröző földi természet képeinek egymás mellé helyezésével idézi meg. A címben említett Caspar David Friedrich a német romantika egyik legismertebb alakja. Tájképein a természet letaglózó végtelenségét, fenséges mivoltát gyakran a konkrét tájból vett motívumok összepárosításával hangsúlyozta, ideáltájképeket létrehozva.

A holdra szállással a természet fogalma, a világ megmásíthatatlanul kitágult. Az emberiség először látta tömegesen, saját nappalijából a Földet egy új, külső perspektívából; szembesült a bolygó törékenységével és a Föld és az ember egymásrautaltságával. A *Luna*-sorozat nulladik darabjaként az installáció a képek arányaival és méreteivel is megragadja az emberi élet (horizontális) és a világűr (vertikális) léptéke közötti távolságot. Az „itt" és „ott" között nemcsak a fizikai, hanem a mediális távolság is jelen van; a földi kertet színes fotón, a Hold talaját fekete-fehér szénrajzon ábrázolja iski Kocsis. Ez utóbbi technika is felidézi Friedrich munkamódszerét, aki a természetben, motívumokat gyűjtve rajzokat készített, melyeket később stúdiójában festett meg. Iski Kocsis Tibor a romantika tájképeinek magasztosságát, a holdfényes táj romantikus toposzát és a technológiai fejlődés bizonyítékát helyezi egymás mellé. Az installáció a művészettörténeti hagyományból építkezve kontextualizálja a földi élet sebezhetőségét; természet, tudomány és ember viszonyát.

Through the juxtaposition of intricate charcoal drawings, produced from photographs taken at the time of the Apollo 16 and 17 moon landings, and images of Earth's environment containing scarcely any trace of human existence, iski Kocsis evokes the boundlessness of nature. Caspar David Friedrich, who is mentioned in the title of the work, is one of the best-known figures in German romanticism. He emphasised in his landscape paintings the staggering immensity and grandeur of nature, often coupling it with motifs taken from existing scenery to generate idealised landscapes.

The moon landings expanded our concept of nature and the world irrevocably. For the first time, vast numbers of people, sitting in their own living rooms, saw the Earth from a new, external perspective; they were confronted with the fragility of the planet and the interdependence of Earth and humanity. As number zero in the artist's *Luna* series, the installation exploits both the proportions and dimensions of the images to convey the distance between the (horizontal) scale of human life and the (vertical) scale of outer space. The distance between "here" and "there" is not merely physical but also mediatic; iski Kocsis's earthly garden is depicted in a colour photograph, while the surface of the Moon is conveyed in black and white charcoal drawings. The latter technique also calls to mind the way in which Friedrich worked: he produced sketches in nature of his chosen motifs, which he later painted in his studio. Tibor iski Kocsis juxtaposes the sublimity of romantic landscape paintings, the romantic trope of the moonlit vista, and evidence of technological progress. Building on art historical tradition, the installation contextualises the vulnerability of earthly life and the relationship between nature, science, and humanity.

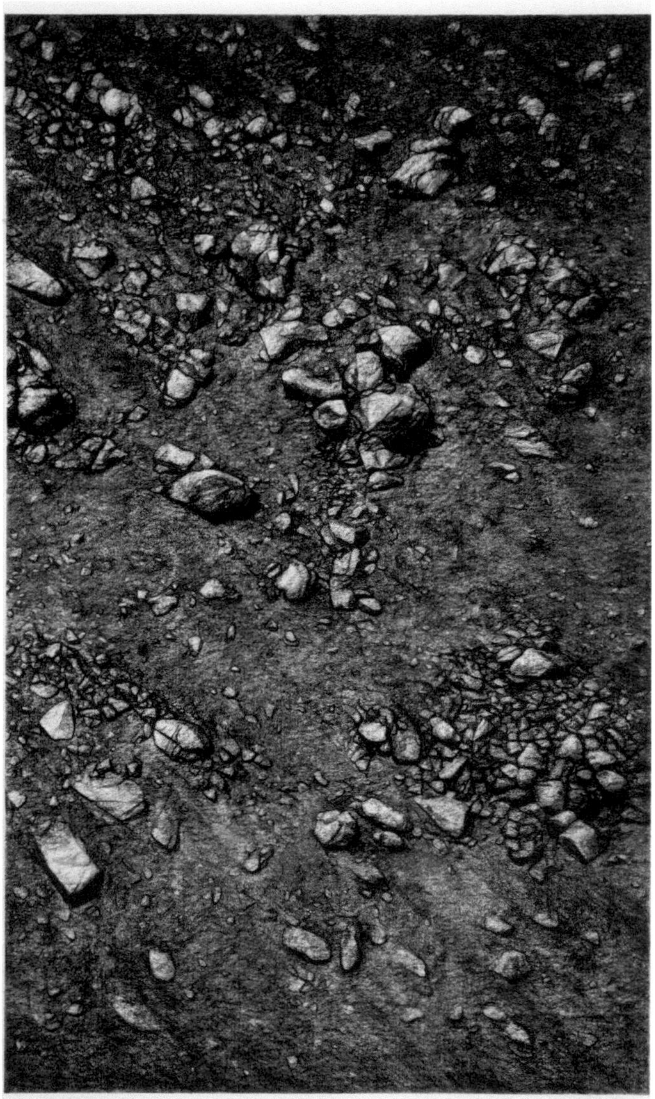

1. kat. sz.

iski Kocsis Tibor (1972)
Itt-ott, Hommage à Caspar David (triptichon), részlet

2012
Színes fotó, szén, papír

Cat. no. 1

Tibor iski Kocsis (1972)
Here-There, Hommage à Caspar David (triptych), detail

2012
Colour photo and charcoal on paper

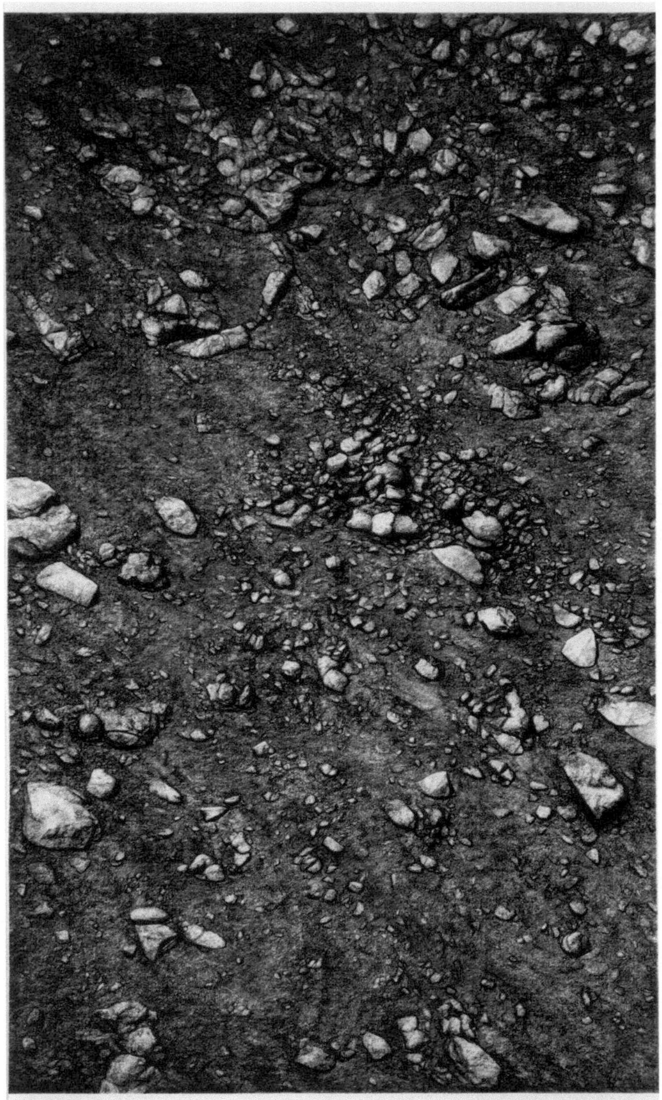

1. kat. sz.

iski Kocsis Tibor (1972)
Itt-ott, Hommage à Caspar David (triptichon), részlet

2012
Színes fotó, szén, papír

Cat. no. 1

Tibor iski Kocsis (1972)
Here-There, Hommage à Caspar David (triptych), detail

2012
Colour photo and charcoal on paper

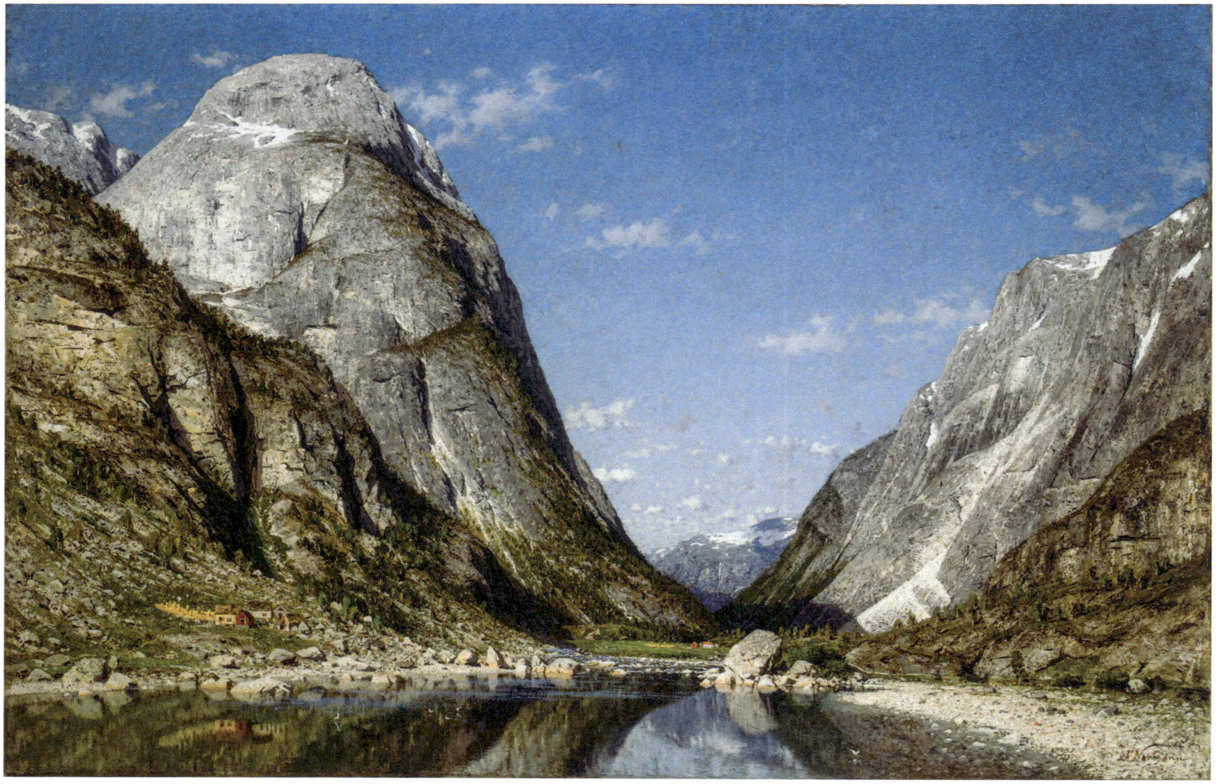

2. kat. sz.

Adelsteen Normann (1848–1918)
A Nærøy-fjord Norvégiában

1870–1887
Olaj, vászon

Cat. no. 2

Adelsteen Normann (1848–1918)
The Nærøyfjord in Norway

1870–1887
Oil on canvas

Adelsteen Normann korának legfontosabb norvég tájképfestői közé tartozott. 1869-től a Düsseldorfi Művészeti Akadémia hallgatója volt. Művészetén – színkezelésén, komponálásmódján és festéstechnikáján – mindvégig mély nyomokat hagyott a düsseldorfi tájfestészeti hagyomány. Normann pályája kezdetétől fogva a norvég fjordok ábrázolására specializálódott, de mivel élete nagy részét nem szülőhazájában, hanem Németországban töltötte, festményeit vázlatok és fényképek nyomán alkotta meg. Monumentális tájképeivel hamar jelentős piaci sikereket ért el Norvégiában, Dániában és Németországban. A világkiállítások rendszeres kiállítója volt, a párizsi Szalonon 1884-ben és 1889-ben is díjat nyert.

A Nærøy-fjord Norvégiában című képe a művész jellegzetes alkotásai közé tartozik, a táj idilli, egyúttal fenséges látványát bravúrosan ábrázolja: a monumentális sziklaormok és a nagy felületű kék égbolt alatt alig észrevehetően bújik meg az emberi civilizáció lenyomataként pár épület. A mű kompozícióját különösen izgalmassá, szinte absztrakt karakterűvé teszi a meredek hegyek tükröződése a feszes, érintetlen vízfelületen. Normann-nak nem csak a képzőművészeti hatása jelentős: művei – melyek szállodatulajdonosok körében is rendkívüli népszerűségnek örvendtek – kétségkívül hozzájárultak a norvégiai turizmus fellendüléséhez is.

Adelsteen Normann was among the greatest Norwegian landscape painters of his time. He studied at the Düsseldorf Art Academy from 1869, where he attended the courses of Otto Mengelberg, Andreas Müller, Albert Flamm, and Eugène G. Dücker. The profound influence exerted on him by the landscape painting tradition of Düsseldorf can be observed throughout his oeuvre: in his use of colour, compositional method and painting technique. Normann specialised in the depiction of the Norwegian fjords from the beginning of his career, even though he spent a great part of his life in Germany and not in his native country and therefore executed his paintings after sketches and photographs. His monumental landscapes soon brought him significant success on the art market in Norway, Denmark, and Germany. He was a regular participant at world fairs (from the exposition of 1873 in Vienna to the 1900 Paris Exposition Universelle) and won awards at the Paris Salon in 1884 and 1889.

The Nærøyfjord in Norway, one of Normann's characteristic pieces, is a brilliant depiction of the idyllic and majestic mountainous landscape and the misty atmosphere of the fjords: it shows the peaceful co-existence of the seemingly pristine landscape and human civilisation. Besides his influence in the fine arts, Normann also played an important role in boosting Norwegian tourism through the popularity of his works among hoteliers.

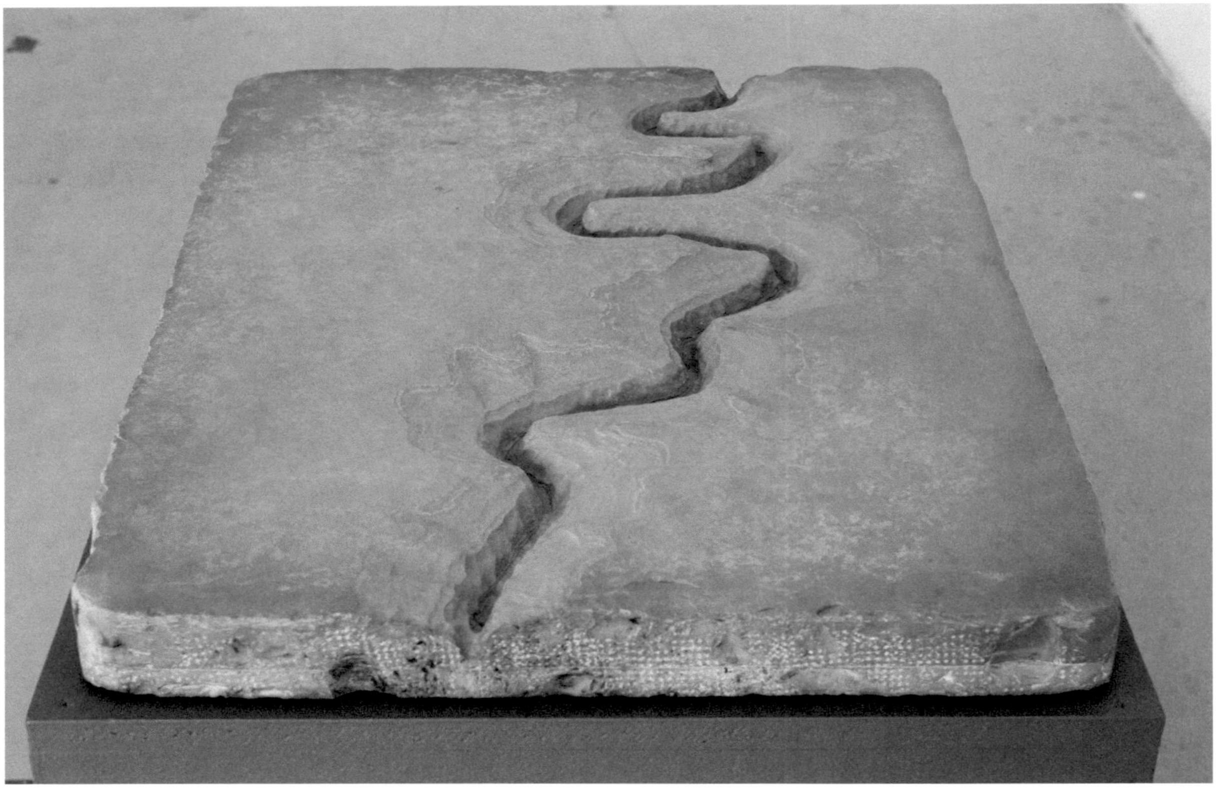

3. kat. sz.

Szabó Ádám (1972)
Kanyon, Y-nak

2004
Mészkő, videó

Cat. no. 3

Ádám Szabó (1972)
Canyon, for Y

2004
Limestone, video

Szabó Ádám szobrászati pályájának kezdete óta a műfaj határterületeit kutatja, műveiben szokatlan anyagokat használ, amelyeket sokszor fotó- vagy filmdokumentumokkal párosít. Művészettörténeti tanulmányai után Kő Pál és Kőrösényi Tamás tanítványaként végezte el a Képzőművészeti Egyetem szobrász szakát. Alkotásaiban a valóság tárgyi elemeinek a környezeti hatások, az időjárás, a fény, a betegség vagy az öregedés miatti átalakulása foglalkoztatja. Rothadó gyümölcsök felületi hibáinak korrigálásával, ismeretlen bőrbetegségek vagy organizmusok növekedésével foglalkozó plasztikáival a hazai művészetben egyedi pozíciót vívott ki magának.

Terepasztalszerű tárgyegyüttesekkel és a hozzájuk kapcsolódó videókkal is szerepelt kiállításokon, melyek fa- vagy márványalapjain játékgépek vagy járművek alakítják át a felszínüket. A most kiállított *Kanyon, Y-nak* című munkája a szobrászat és a stop motion fotóanimáció segítségével mutatja a geológiai folyamatok felületre gyakorolt hatását. A mű egy kanyargó folyó eróziós felszínformálását követi, ahogyan a víz mély árkot váj a kemény kőzet anyagába. A művet alkotója rétegről rétegre faragta ki, amelynek minden egyes fázisát fényképpel dokumentálta, hogy egy olyan mozgó képsor is az alkotás részévé válhasson, amely szemlélteti a földfelszín formai változását, egy kanyon létrejöttét. Bár Szabó Ádám műveiben sokszor az ember természetre gyakorolt hatásával, az ipar környezetkárosító erejével foglalkozik, ez az alkotása a természet öntörvényű szépséget teremtő erejéről beszél, amelyet akkor fedezhetünk fel, ha a művészet médiuma azt láthatóvá teszi.

Since the beginning of his career as a sculptor, Ádám Szabó has explored the frontiers of the genre, making use of unusual materials that he often combines with photographs or film. After studying art history, he graduated from the Department of Sculpture at the University of Fine Arts as a student of Pál Kő and Tamás Kőrösényi. His works explore how the material elements of reality are transformed by environmental impacts – weather, light, disease, or aging. He has established a unique position for himself in Hungarian art with sculptures that explore the concept of “plastic surgery” on rotting fruits and the growth of unknown skin diseases or organisms.

His exhibited works include object ensembles resembling sand tables, with associated videos, where the wood or marble surfaces are reshaped by toy machines or vehicles. *Canyon Y,* on display here, uses sculpture and stop motion photo animation to show the impact of geological processes on a surface. The work traces the way that a landform is eroded by a meandering river, as the water cuts a deep rift into the hard stone. The artist cut through layer after layer, documenting each individual phase in photographs. He then used the stills to create a video sequence, which is an integral part of the work, illustrating changes to the Earth’s surface and the formation of a canyon. Although Ádám Szabó’s work often explores the impact of human beings on nature and the environmental damage caused by industry, *Canyon Y* focuses on the power of nature to create self-contained beauty that we discover only when it is made visible by the medium of art.

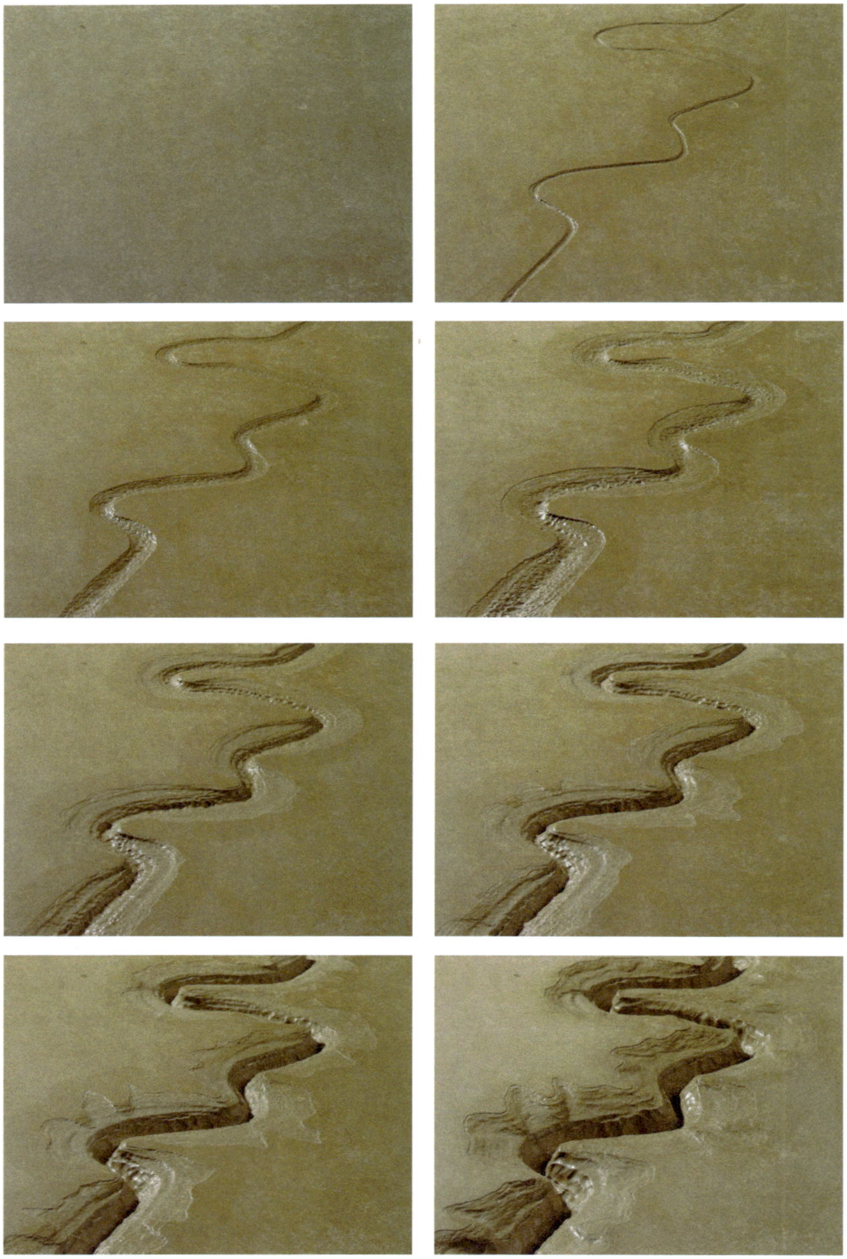

3. kat. sz.

Szabó Ádám (1972)
Kanyon, Y-nak

2004
Mészkő, videó

Cat. no. 3

Ádám Szabó (1972)
Canyon, for Y

2004
Limestone, video

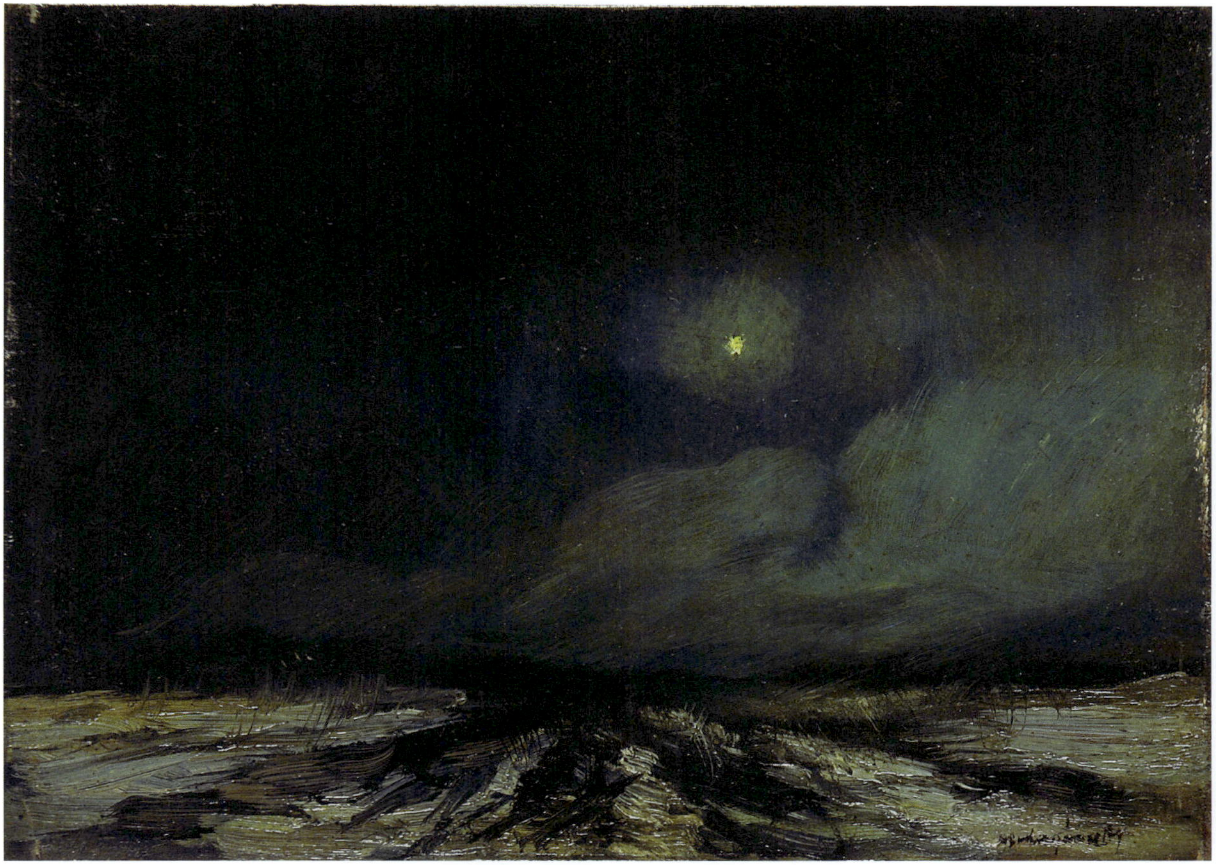

4. kat. sz.

Mednyánszky László (1852–1919)
Holdas táj

1907 körül
Olaj, fa

Cat. no. 4

László Mednyánszky (1852–1919)
Landscape by Moonlight

Ca. 1907
Oil on wood

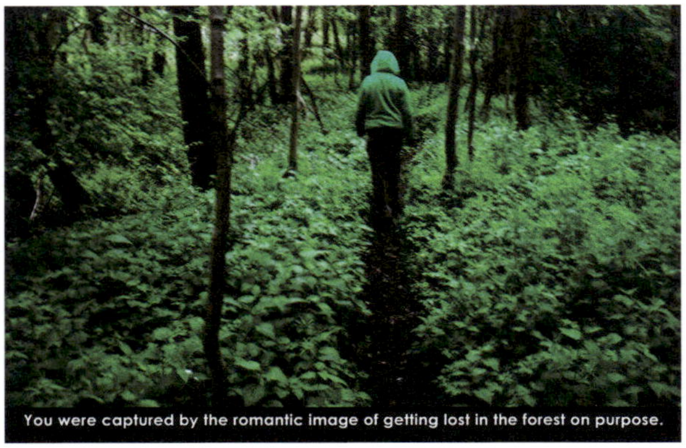

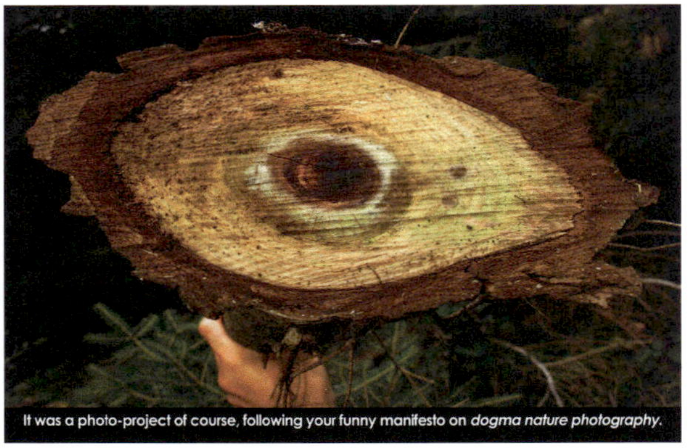

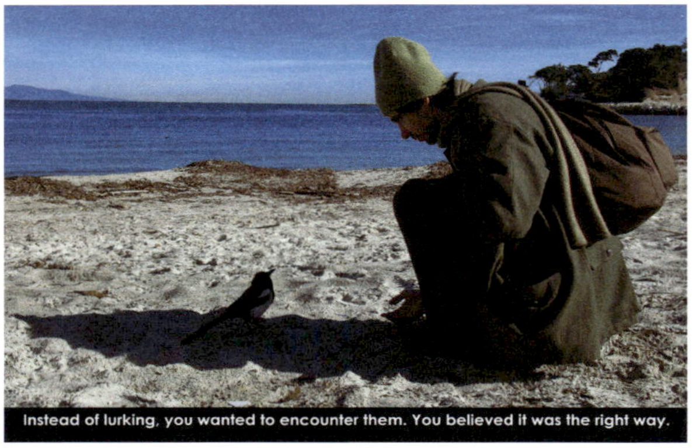

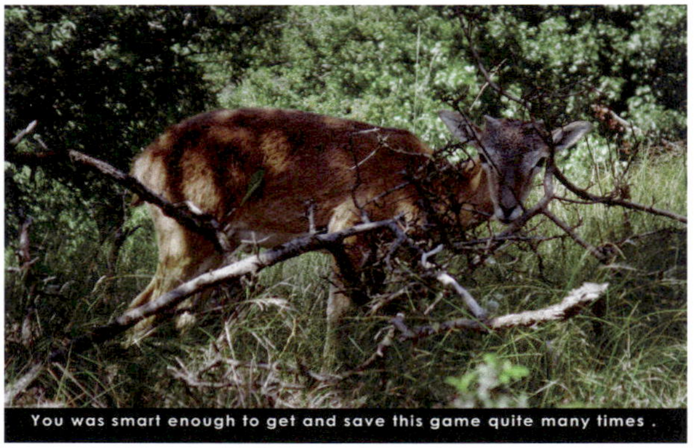

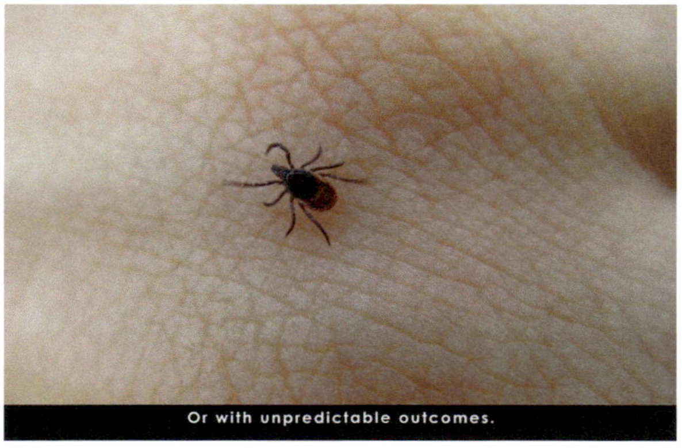

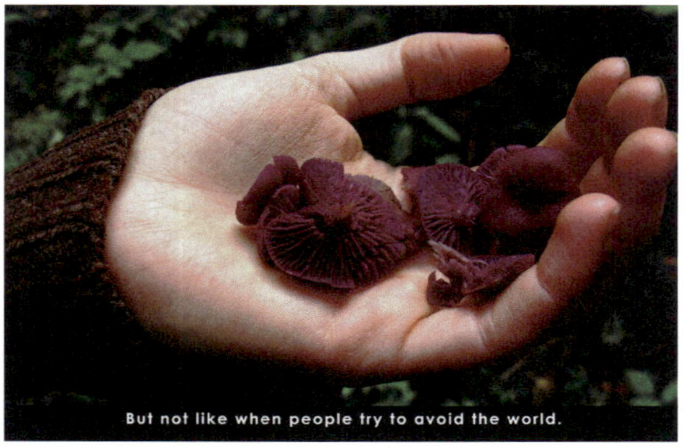

5. kat. sz.

Kaszás Tamás Tibor (1976)
Eszképista történet (Erdei iskola)

2016
Digitális diavetítés, színes, hang

Cat. no. 5

Tamás Tibor Kaszás (1976)
Escapist Story (Forest School)

2016
Digital slideshow, colour, sound

Kaszás Tamás Tibor munkássága a társadalmi és gazdasági fejlődés kritikáján alapszik, munkásságában a művészet figyelemfelhívó és tanító szerepére támaszkodik. Kutatáson alapuló műveiben mérlegeli, hogy egy esetleges klíma- vagy civilizációs katasztrófa esetén milyen módszerek és hagyományok alkalmazhatók a túlélésre. Számára az ember és természet viszonya az egymás mellett élésen és a tiszteleten alapszik, amihez a művészet támogató hátteret tud biztosítani. Alkotásai a népi tudás feltámasztását, a növénytani ismeretek újraaktualizálását, az állatok élőhelyeinek kényelmesebbé tételét, a természetet kizsákmányoló gazdasági folyamatok megfékezését szorgalmazzák. Kaszás a mai információ- és technológiabőség, valamint túlfogyasztás világában a természet újrafelfedezését és megismerését olyan alapnak tekinti, amely a hozzá való viszony érzékenyítésében és javításában nagy szerepet játszhat.

A kiállításra kiválasztott videója a régi diavetítések állóképeiből épül fel, amely egy fiktív személy barangolásait, elvonulását, erdei felfedezőútját dokumentálja. A képeken civilizációs nyomok ritkán tűnnek fel, inkább a természet vizuális és enciklopédikus látleleteinek rögzítését és a táj szépségeit mutatják. A romantikában megtapasztalt és leírt „magasztos" tájélmény mellett a mű címében is az „eszképizmusra", a városi, civilizációs létből való kiszakadásra utal, amely, annak ellenére, hogy a mai ember számára nehezen megvalósítható cél, a természetben betöltött mellé- és nem fölérendelt emberi szerepünk átélésének alapja.

Tamás Kaszás's work is based on his criticism of social and economic development, for which he relies on the awareness-raising and educational role of art. His research-based works speculate on the kind of methods and traditions that might be employed for survival in the event of a climate or civilisational catastrophe. For him, the relationship between humankind and nature is based on coexistence and respect, which can be promoted by art. Through his work, he endorses the resurrection of folk knowledge, the re-actualisation of botanical knowledge, the amelioration of animal habitats, and the curbing of environmentally exploitative economic processes. In today's world of information and technology overload and overconsumption, Kaszás sees the rediscovery and knowledge of nature as having a huge potential role in sensitising and improving our relationship to the world around us.

The video selected for the exhibition comprises stills from old slideshows and documents the wanderings, seclusion, and forest expeditions of a fictional character. Traces of civilisation are rare in these images, which rather present a visual and encyclopaedic impression of nature and the beauties of the landscape. Besides the "sublimity" of landscape, as experienced and described in romanticism, the title of the work refers to "escapism", withdrawal from urban, civilised existence, which, while difficult for modern human beings to achieve, is fundamental to our recognition of the coequal rather than superior role of human beings in nature.

2. szekció

Kisajátított természet

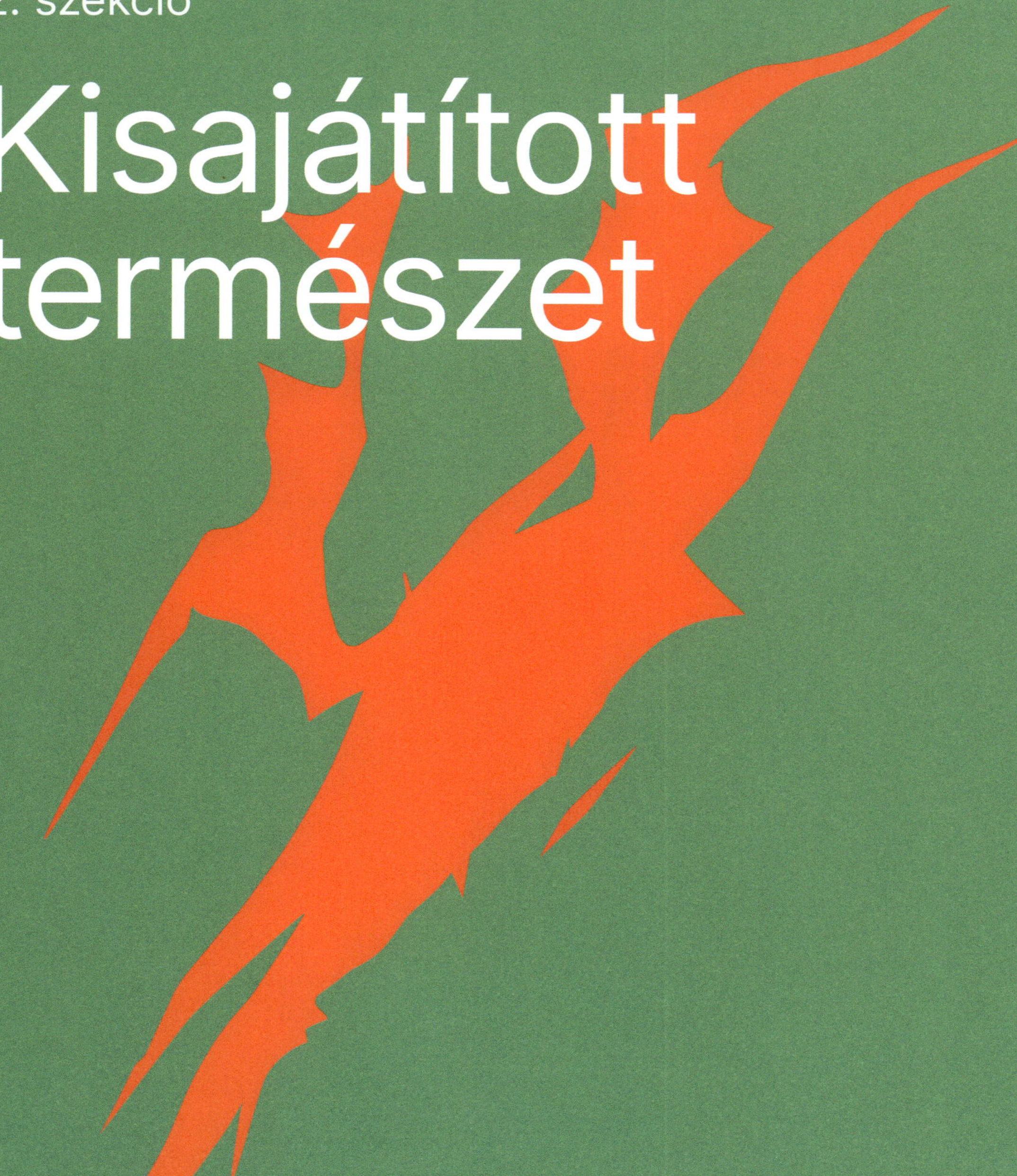

Az antropocén egy új földtörténeti korszak elnevezése, melyben az emberiség a Föld felszínét és légkörét formáló erővé válik. Narratívája szerint az ember az ipari forradalom kezdete óta jelentősen átalakítja a Föld rendszereit. Az emberiség globális környezetre gyakorolt hatása – amelynek egyik alapja a fosszilis tüzelőanyagok kitermelése és felhasználása – előidézi és felerősíti az erdők pusztulását, a biodiverzitás csökkenését, és hozzájárul a klímaváltozáshoz, amit a globalizáció még jobban felgyorsított. A fosszilis gazdaság létrejötte, fenntartása és hasznának élvezete nem az emberiség egészére vonatkozik. A 19. században történt átállás a fosszilis üzemanyagokra rendkívül egyenlőtlen globális folyamatok eredménye, melyek alapja az intézményesített rabszolgaság, a munkásság, a parasztság és a nők kizsákmányolása volt. Ennek gyökerei a karteziánus természet–társadalom dualizmusban rejlenek, mely megkülönbözteti az embert mint aktív cselekvőt a természettől, amelyre passzív és kizsákmányolható erőforrásként tekint.

Az 1960-as, 1970-es évektől a mezőgazdaság és ipar természetpusztító indusztrializációja a környezetvédelmi szempontokat figyelmen kívül hagyó nagyüzemek és ipari szektorok fejlődő országokba történő kiszervezésével teljesedett ki. Az ipari és mezőgazdasági aktorok megjelenése jelentős tájátalakítással, a monokultúrák terjedésével és társadalmi átalakulásokkal járt.

Ebben a keretrendszerben a „természetről" alkotott felfogás globális hatalmi struktúrák által meghatározott kulturális konstrukció, amely hatással van a művészetekben a természet ábrázolására, beleértve a tájképfestészeti tradíciókat is. A 19. század végén, a művészet történetében először jelent meg az ember által roncsolt, mesterségesen átalakított táj ábrázolása, mely az iparosodás és a modernitás kritikai reflexiójaként is értelmezhető. A hatvanas–hetvenes években a környezetvédelmi mozgalmak erősödésével párhuzamosan a művészetben is központi téma lett a környezetpusztítás, a természeti környezet mesterséges átalakítása és a globális ipari terjeszkedés. A kiállítás e szekciójában különböző egyéni nézőpontokon keresztül jelennek meg az emberi beavatkozás negatív hatásai a tájban.

Section 2

Appropriated Nature

The term Anthropocene is used to describe a new epoch in geological time, in which humanity is becoming a force capable of shaping the Earth's surface and atmosphere. According to this narrative, humans have been significantly transforming Earth's systems since the beginning of the Industrial Revolution. The impact of humanity on the global environment – due in part to the production and utilisation of fossil fuels – brings about and intensifies deforestation and biodiversity loss and contributes to climate change, which is further accelerated by globalisation. The establishment, maintenance, and advantages of the fossil economy do not pertain to the whole of humanity. The switch to fossil fuels in the nineteenth century was the outcome of extraordinarily unequal global processes, based on institutionalised slavery and the exploitation of labourers, the peasantry, and women. Its roots are to be found in the Cartesian dualism of nature and society, in which human beings, as active agents, are distinguished from nature, which is seen as a passive resource to be exploited.

The environmentally destructive industrialisation of agriculture and manufacturing from the 1960s and 1970s culminated in the outsourcing to developing countries of those large-scale industrial plants and manufacturing sectors that ignored environmental protection requirements. The emergence of industrial and agricultural actors led to significant changes in the landscape, the expansion of monocultures, and social transformation.

In this framework, the concept of "nature" is a cultural construct defined by global power structures, which affects how nature is depicted in the arts, including the tradition of landscape painting. Representations of landscapes devastated and artificially transformed by human beings appear for the first time in art history at the end of the nineteenth century and can be seen as a critical reflection on industrialisation and modernity. In parallel with the strengthening of environmentalist movements, environmental destruction, the artificial transformation of the natural environment, and global industrial expansion became central themes in the arts in the 1960s and 1970s. This section of the exhibition presents the negative environmental impacts of human activities from a variety of individual perspectives.

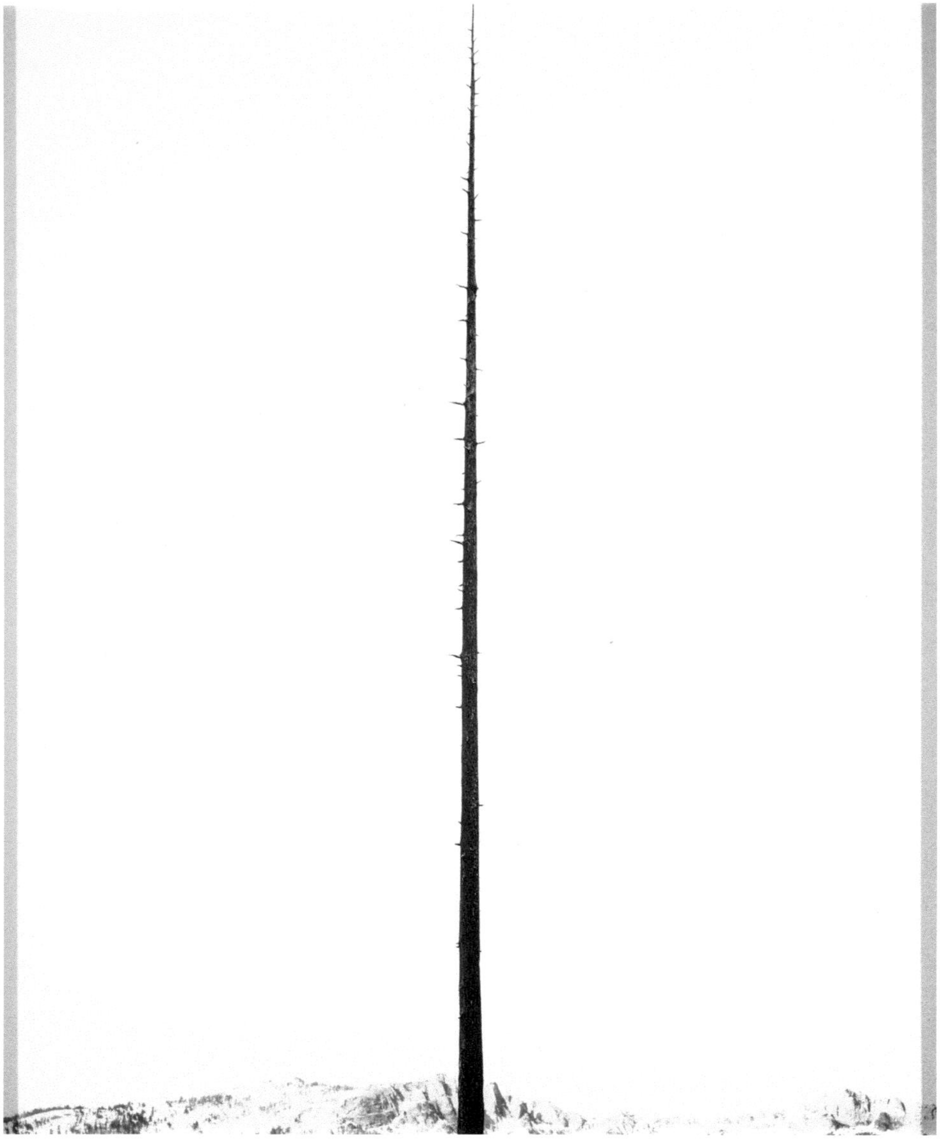

6. kat. sz.

Dezső Tamás (1978)
Kings Canyon, Sierra Nevada, Kalifornia

2023
Bárium-szulfát bevonatú pamutpapír, archív pigment print

Cat. no. 6

Tamás Dezső (1978)
Kings Canyon, Sierra Nevada, California

2023
Archive pigment print on cotton paper with barium sulphate coating

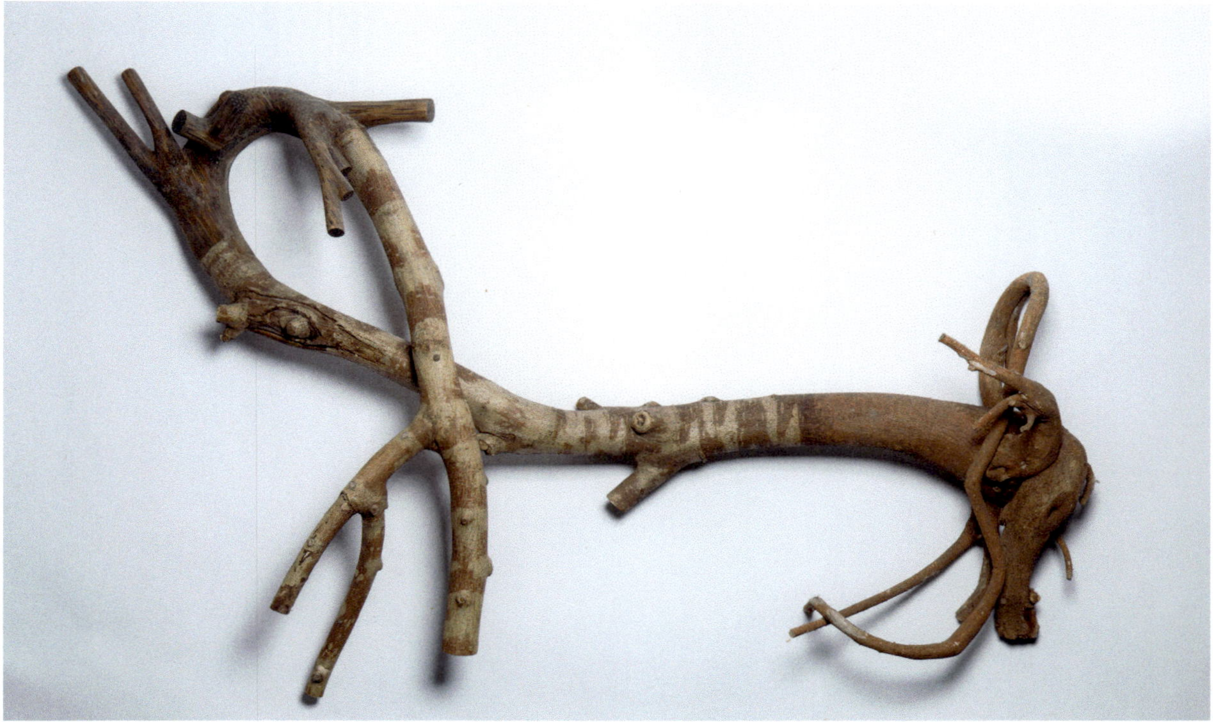

7. kat. sz.

Böröcz András (1956)
Demeter

2017
Kozoág, laminált, faragott ceruzák

Cat. no. 7

András Böröcz (1956)
Demeter

2017
Kozo (Japanese paper mulberry) and laminated, carved pencils

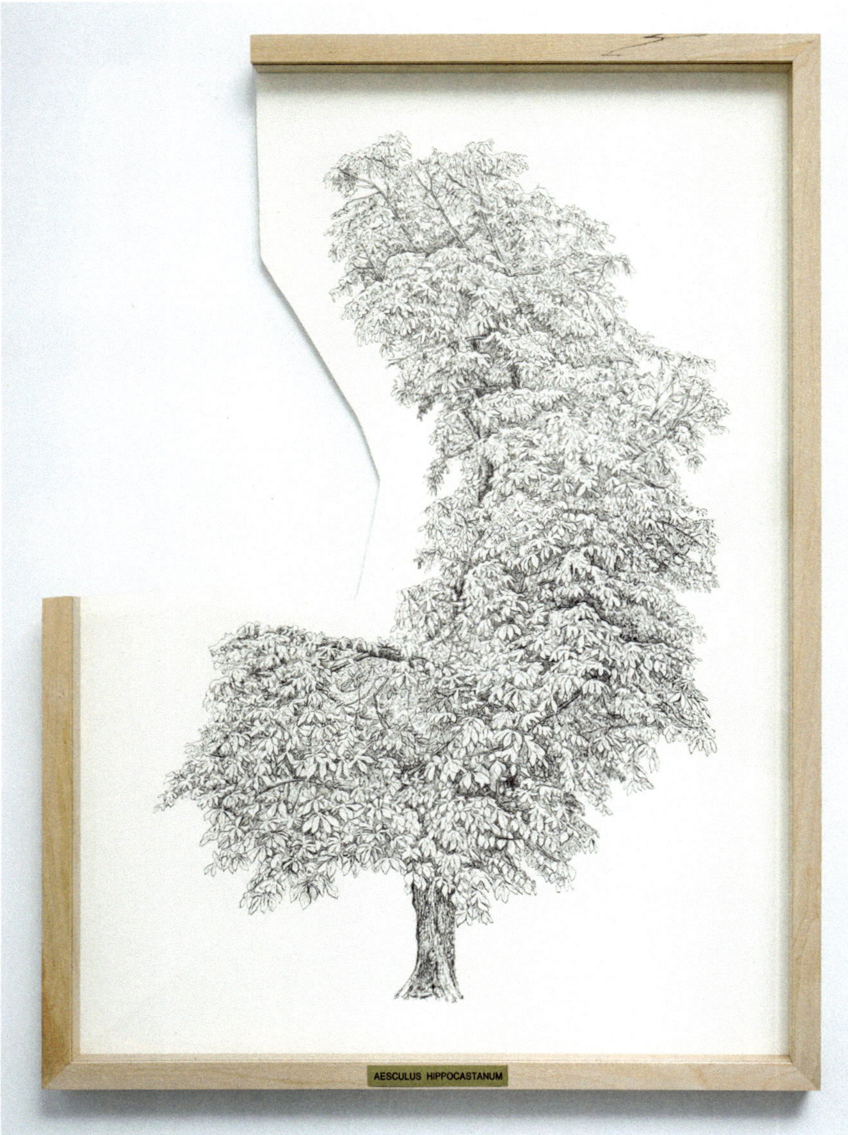

8. kat. sz.

Gosztola Kitti (1986)
Aesculus hippocastanum
(a *Jó fa, jó hely* sorozatból, 2013–)

2023
Tus, papír, vadgesztenye, SAN lemez

Cat. no. 8

Kitti Gosztola (1986)
Aesculus hippocastanum
(from the series *Right Tree, Right Place*, 2013–)

2023
India ink on paper, horse chestnut, SAN plate

Gosztola Kitti kutatásalapú, jellemzően hagyományos technikákkal készült művei az ember természetre gyakorolt hatását, a flóra különböző fajainak együttélését, az emberi beavatkozás következményeit vizsgálják.

A *Right Tree, Right Place (Jó fa, jó hely)* sorozatának darabjai különböző fajú fákat ábrázolnak, melyek lombkoronáját általában villanyvezetékek miatt, vagy más, biztonsági okokból megcsonkították. A drasztikus beavatkozás után sokszor az egész fa elpusztul. Az emberlakta területeken a természet szabályozása esztétikai vagy praktikus okok mentén általános gyakorlat: a franciakertekre jellemző szoborszerűen nyírt díszbokrok és a „szabálytalan" angolkertek kialakításától a kertvárosi sövénysorokon át a diverzitás nélküli gyepek létrehozásáig. Az ember által formált természet – nem meglepő módon – az ember érdekeinek, önös igényeinek a kiszolgálásán alapul, figyelmen kívül hagyva a tényt, hogy az ember is a globális és lokális ökoszisztéma része, a növényvilágba való beavatkozás következményei így rá is hatással vannak. Gosztola Kitti faportréit az ábrázolt fa anyagából készített keretbe helyezte. A láthatóvá tett faanyag és a ráhelyezett latin megnevezés felidézi a kategorizáló tudományos attitűdöt és a növényhez való kapcsolódást is lehetővé teszi, csakúgy, mint egy hagyományos portré esetében.

Kitti Gosztola's research-based works, which are typically executed using traditional techniques, explore the impact of human beings on nature, the symbiosis of different species of flora, and the consequences of human activities.

The drawings in the series *Right Tree, Right Place* depict different species of trees, whose canopies have been mutilated, generally because of electric cables but sometimes also for safety reasons. Such dramatic interventions often lead to the death of the whole tree. In populated areas, it is common practice to "control" nature for aesthetic or practical purposes – from the ornamental sculpting of shrubs in French formal gardens and the "wildness" of English gardens, via suburban hedges, to the establishment of homogeneous lawns. The fashioning of nature by human beings is based – unsurprisingly – on serving human interests and selfish desires. It ignores the fact that humans, too, are part of the global and local ecosystem and, as such, are affected by the consequences of their interference in the plant kingdom. Each of Kitti Gosztola's tree portraits is mounted in a frame made from the wood of the depicted tree. The exposed wood and the Latin name affixed to it create an allusion to scientific classification methods while also establishing a connection with the plant, just as in the case of a traditional portrait.

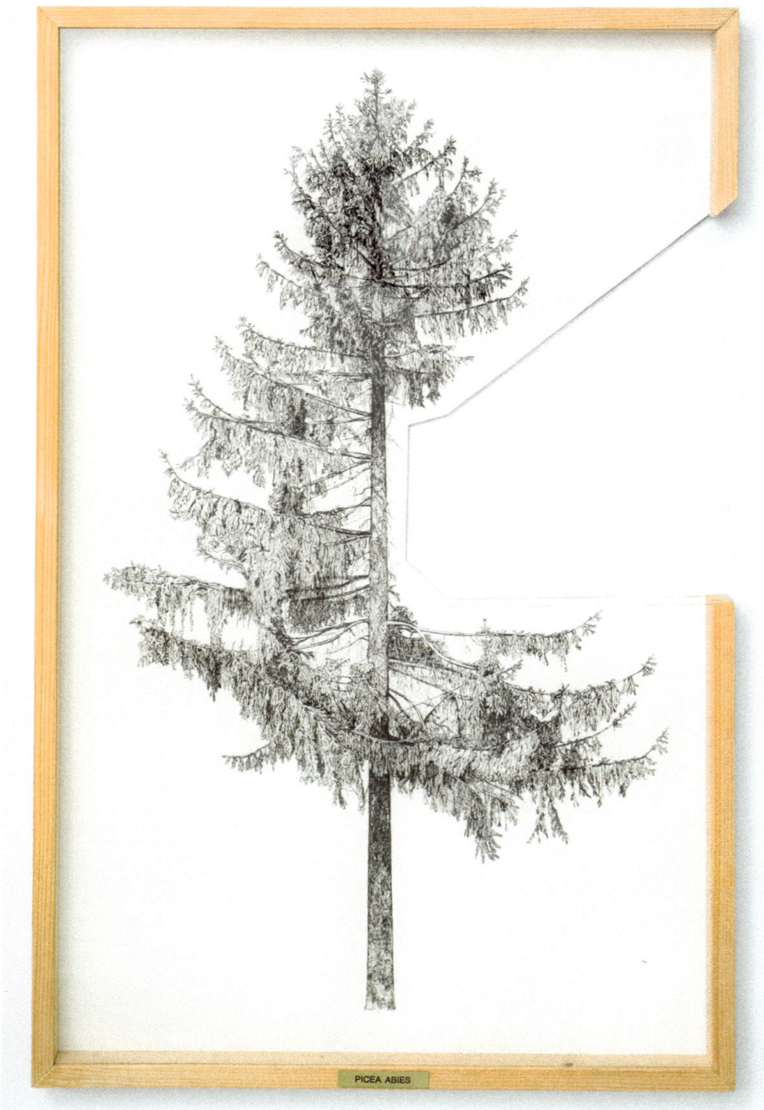

8. kat. sz.

Gosztola Kitti (1986)
Picea abies
(a *Jó fa, jó hely* sorozatból, 2013–)

2013
Tus, papír, lucfenyő, SAN lemez

Cat. no. 8

Kitti Gosztola (1986)
Picea abies
(from the series *Right Tree Right Place*, 2013–)

2013
India ink on paper, spruce, SAN plate

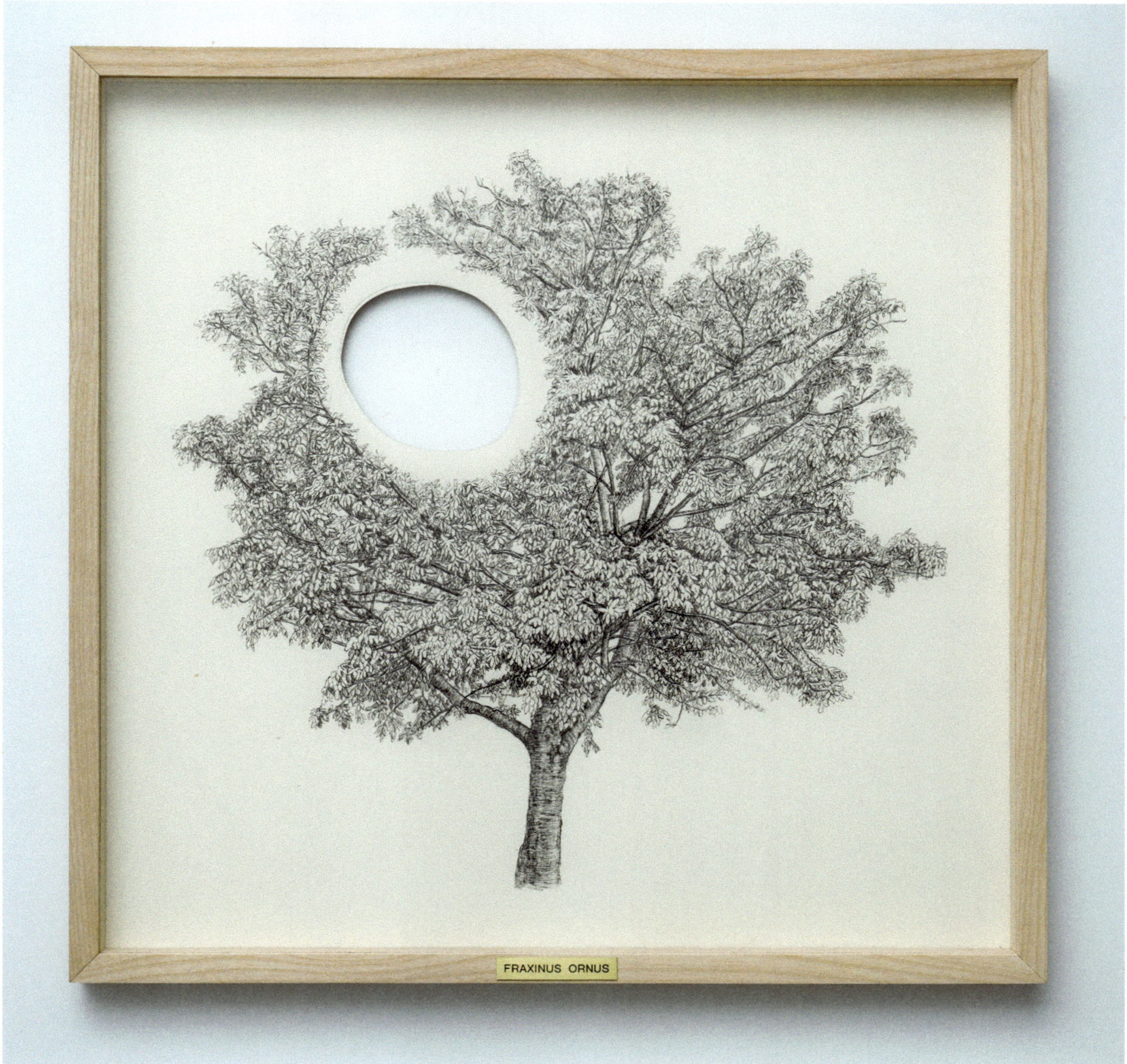

8. kat. sz.

Gosztola Kitti (1986)
Fraxinus ornus
(a *Jó fa, jó hely* sorozatból, 2013–)

2024
Tus, papír, kőris, SAN lemez

Cat. no. 8

Kitti Gosztola (1986)
Fraxinus ornus
(from the series *Right Tree, Right Place*, 2013–)

2024
India ink on paper, ash, SAN plate

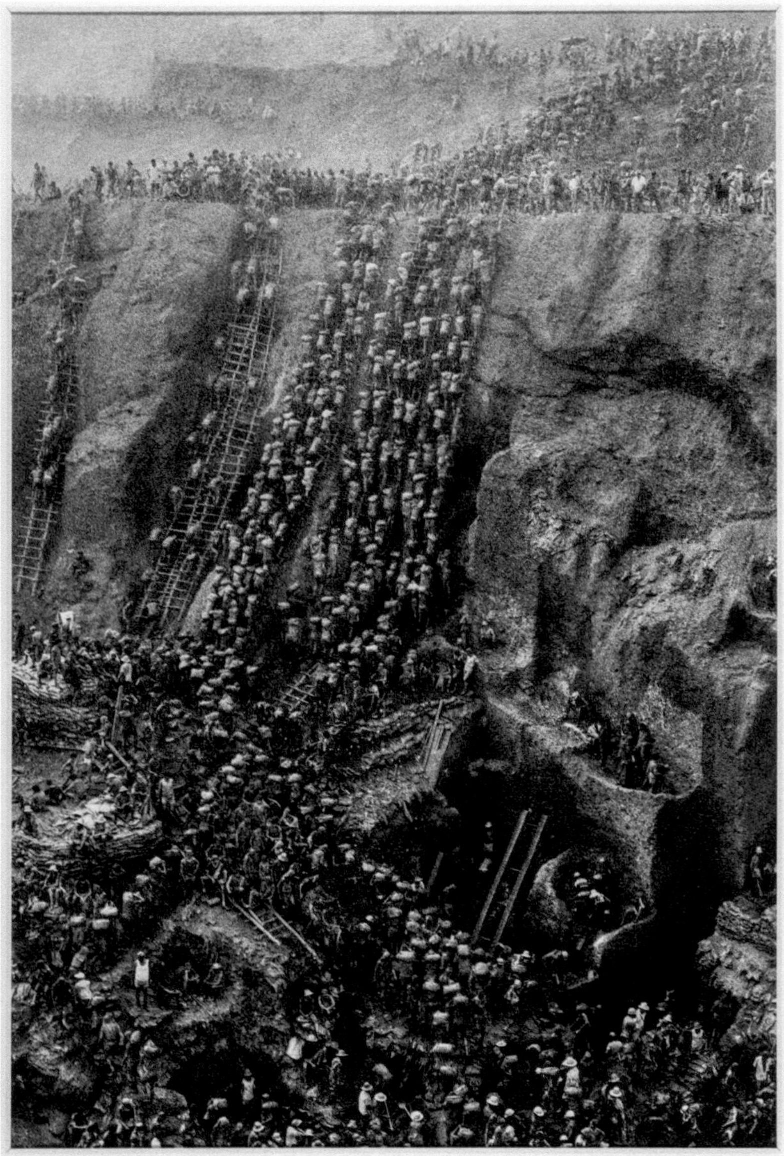

9. kat. sz.

Sebastião Salgado (1944)
Aranybánya, Serra Pelada

1986
Ezüstzselatin nagyítás

Cat. no. 9

Sebastião Salgado (1944)
Goldmine, Serra Pelada

1986
Gelatin silver print

Sebastião Salgado közgazdászként végzett São Paulóban, majd ezen a területen dolgozott pályája első éveiben Párizsban. Dokumentarista fotográfusként 1979-től a Magnum képügynökségnek fotózott, elmaradott országokban a munkások életére specializálódott. Munkásságának nagy része fekete-fehér képekből áll, amelyek érzékeny emberábrázolással közvetítik a szegényes munkakörülményeket és a munka sokszor középkori karakterét. Feleségével a kilencvenes évek óta a brazíliai esőerdőben egy általuk megvásárolt földterület erdejének helyreállításán dolgoznak *Instituto Terra* projektnéven.

A kiállításon bemutatott fénykép egy fotóesszé része, a Brazíliában található Serra Pelada aranybányájáról. 1986 és 1989 között Salgado több hetet töltött a helyszínen, hogy dokumentálja a szerencsében bízó, meggazdagodásban reménykedő, embertelen körülmények között dolgozók életét. Az akkori képes magazinok színes fényképei mellett Salgado sorozata hatalmas sikert hozott, ami megváltoztatta a meghaladottnak tartott fekete-fehér képek megítélését. A sikerhez hozzájárult, hogy a többi fotózsurnalisztával ellentétben a szerző nem megfigyelőként volt jelen a bányában, hanem a hosszabb tartózkodás miatt elmélyülhetett az ott dolgozók életkörülményeinek és munkájának megfigyelésében. A sorozat – és az itt kiállított mű – nemcsak a fizikai munka végletességét és a határtalan nyereségvágyat, a jobb élet szélsőséges reményét, hanem a természet kiaknázásának kontrollnélküliségét is érzékeltette. A bányát azóta gépesítették, de a sorozat rávilágít az elmaradott országokban a mai napig fennálló munkaviszonyok tarthatatlanságára.

Sebastião Salgado qualified as an economist in São Paulo and worked in this field in the early years of his career in Paris. In 1979, he began working as a documentary photographer for the Magnum photographic agency, specialising in the lives of workers in underdeveloped countries. Most of his photographs are black and white images that sensitively convey the pitiful working conditions and the often medieval nature of the work. Since the 1990s, he has worked with his wife on the *Instituto Terra* project in the Brazilian rainforest, to reestablish forest on a piece of land purchased by the couple.

The photograph shown in the exhibition is part of a photo essay on the Serra Pelada gold mine in Brazil. Between 1986 and 1989, Salgado spent several weeks on location, documenting the lives of the workers, who, trusting in luck, hoped to make their fortunes amidst the inhuman conditions. Contrasted with the colour photographs in contemporary illustrated magazines, Salgado's series was a huge success, changing people's perceptions of black and white images as obsolete. His success was partly owing to the fact that, unlike other photojournalists, he was not simply an observer: during his extended stay, he immersed himself in the study of their living and working conditions. The series – including the work shown here – highlighted not only the extreme physicality of the work, the boundless greed for profit, and the workers' unrealistic hopes for a better life, but also the uncontrolled exploitation of nature. Although the mine has since been mechanised, the series continues to shed light on the untenability of the working conditions that exist to this day in underdeveloped countries.

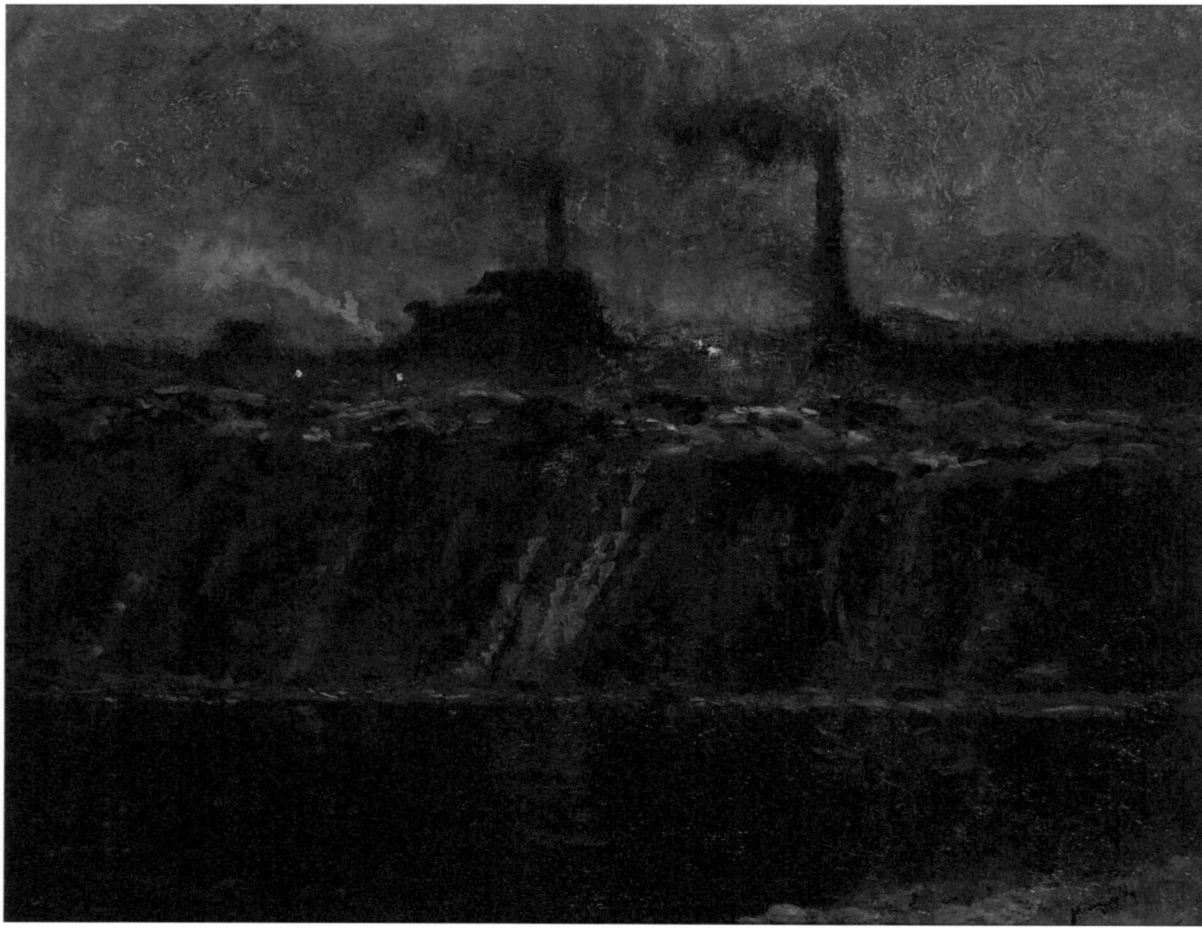

10. kat. sz.

Mednyánszky László (1852–1919)
Elhagyott téglagyárak
Éjféli hangulat

1900 körül
Olaj, vászon

Cat. no. 10

László Mednyánszky (1852–1919)
Abandoned Brickworks
Midnight Mood

Ca. 1900
Oil on canvas

Mednyánszky László *Elhagyott téglagyárak* című festményén két olyan téma találkozik – a tájkép és a szegénység ábrázolása – amelyek alapvető fontosságúak az életműben. A Münchent, Párizst és Barbizont megjárt, Bécsben és Beckón élt nemesi származású festő számára fiatalkorától fontos volt a természet témája.

Míg tájképeit jellemzően a táj grandiozitása, a természeti erők, az ezekben megmutatkozó hangulatok, érzések megragadásának igénye jellemezte, itt az ipari, az ember által nagymértékben alakított környezetet ábrázolja. A kép előterében vízzel telt agyagbánya látható, a háttérben téglagyári épületek. A festmény keletkezésnek idejére, a századfordulót megelőző néhány évtizedben ugrásszerűen nőtt a téglagyárak száma Magyarországon, összefüggésben az iparosodással és az urbanizációval járó építőanyag-igénnyel. Míg Mednyánszky tájképein jellemzően nagy jelentőséget kap a fény, itt ennek a szinte teljes hiánya dominál. Néhány apró, emberi jelenlétet sugalló fényforrást leszámítva az ipari tájra sötétség borul.

Mednyánszky festészetében az 1890-es évektől csavargók ábrázolásával markánssá vált egy, a kiszolgáltatott társadalmi rétegek helyzetére érzékeny attitűd, amely ezen a szokottnál komorabb, sötétebb tónusokkal megfestett, az emberi jelenlétet az este is füstölő gyár és a roncsolt természet által érzékeltető képen is felfedezhető. Festészetének alapkérdése, a „humán természetet" is magukba foglaló természeti erők vizsgálata a mesterségesen alakított táj ábrázolásával az iparnak mint e viszonyokat potenciálisan befolyásoló új tényezőnek a felismerésével gazdagodott.

László Mednyánszky's painting *Abandoned Brickworks* contains two of the fundamental themes in his oeuvre – the depiction of landscape and poverty. Born into a noble family, Mednyánszky studied in Munich, Paris, and Barbizon, then lived in Vienna and Beckov. Nature was an important theme from his youth.

Although his landscapes are typically characterised by a desire to convey the grandeur of the scenery, the forces of nature, and the emotions manifested in them, here he depicts an industrial environment significantly altered by human activity. In the foreground is a clay pit full of water, with a brickworks in the background. By the time the painting was produced, in the decades leading up to the turn of the century, the number of brickworks in Hungary had grown dramatically as industrialisation and urbanisation increased demand for building materials. While light is typically of huge significance in Mednyánszky's landscapes, this work is dominated by its almost complete absence. Apart from a few tiny points of light suggesting human presence, the industrial landscape is enveloped in darkness.

From the 1890s, Mednyánszky's depictions of tramps demonstrate a sensitivity to the conditions of marginalised strata of society that is also discernible in this work. Executed in darker, gloomier tones than usual, it suggests the presence of human beings by means of a factory whose chimneys are still belching smoke after evening falls, and by the devastation of nature. The fundamental question explored in his painting, that of natural forces – including "human nature" – is here enhanced by the depiction of an artificially transformed landscape and the acknowledgement of industry as a new factor potentially influencing these relationships.

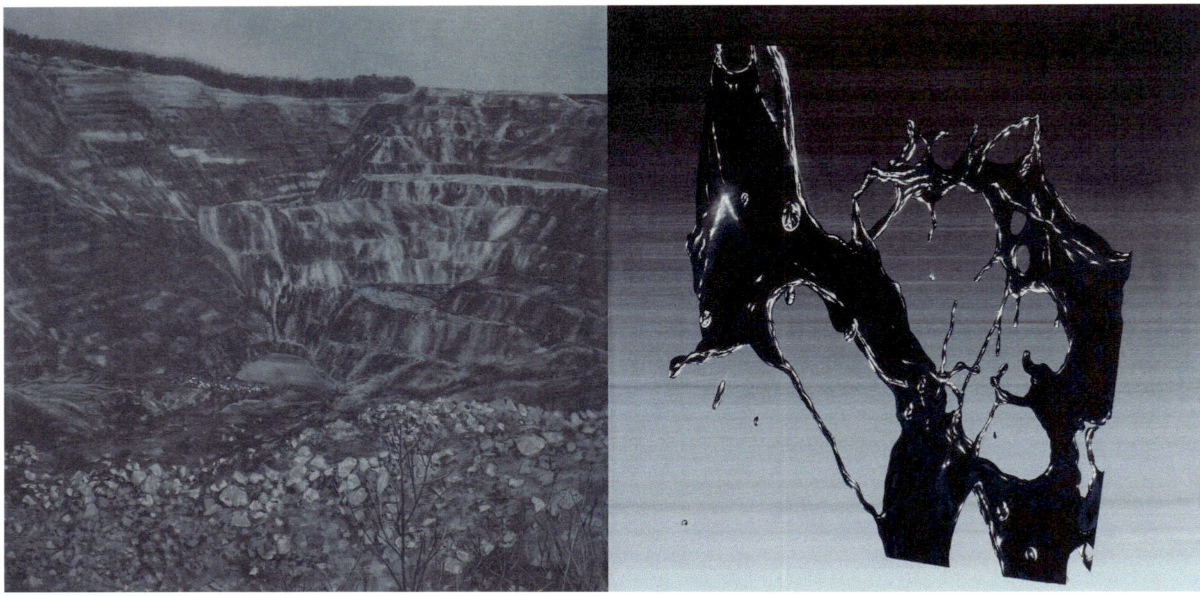

11. kat. sz.

Süveges Rita (1986)
Fekete arany

2020
Akril, vászon

Cat. no. 11

Rita Süveges (1986)
Black Gold

2020
Acrylic on canvas

Süveges Rita 2017-ben végzett a Magyar Képzőművészeti Egyetem festő szakán. Művészeti gyakorlatában egy elméleti kutatáson alapuló ökokritikai megközelítést dolgozott ki, amely azt vizsgálja, hogyan válik a táj egy kulturálisan konstruált képpé, milyen az ember és a táj kapcsolata a késő kapitalizmus korában. Művészetének egyik központi kérdése, hogy milyen hosszú távú vagy adott esetben visszafordíthatatlan káros következményekkel jár a bányászat és a fosszilis nyersanyagok kitermelése és felhasználása, amelynek hatására a szén – a földi élet alapja – az emberi tevékenység miatt kikerült a természet önfenntartó, regeneratív ciklusából.

2019-től kezdődően az *Out of Control (Ellenőrzés nélkül)* című sorozatában a szén felhasználásának különböző stációit, valamint a fosszilis tüzelőanyagok anyag- és kultúrtörténetét vizsgálja. Süveges a táblaképfestészeti tradíciót a posztantropocén filozófia alapjára helyezve újítja meg, és emeli be a kortárs művészeti diskurzusba.

Ebbe a sorozatába illeszthető *Black Gold (Fekete arany)* című nagy méretű diptichonja is. A diptichon két táblája ellentétpárt alkot: balra a Pécs belterületén található Karolina-külfejtés konkrét, figuratív ábrázolása látható, szemben a jobb oldalon lévő absztrahált felfröccsenő kőolaj képével. A külfejtés fotórealisztikus ábrázolása szembesít minket azzal a tájsebbel, amelyet a szénbányászat okoz a természetben, míg a jobb oldalon a csillogó olajfolt esztétizált anyagisága áll az ábrázolás központjában.

Rita Süveges graduated from the Faculty of Painting at the Hungarian University of Fine Arts in 2017. As part of her artistic practice, she developed an eco-critical approach based on theoretical research, which explores the ways in which landscape is transformed into a culturally constructed image and the nature of the connection between human beings and landscape in late capitalism. One of the central questions explored in her art concerns the long-term, and in some cases irreversible, damage caused by mining and the exploitation of fossil resources – human activities that have resulted in the removal of carbon, the basis of life on Earth, from the self-sustaining, regenerative cycle of nature.

In the series *Out of Control*, which she began in 2019, she examines the various phases in the use of carbon, as well as the material and cultural history of fossil fuels. Süveges reinvents the tradition of panel painting by positioning it against the philosophical backdrop of the post-Anthropocene, elevating it into contemporary artistic discourse.

Her large-scale diptych *Black Gold* is part of this series. The two panels of the diptych form a contrasting pair: on the left is a concrete, figurative depiction of the Karolina opencast mine, located within the boundaries of the city of Pécs, while facing it, on the right, is the abstract image of a spray of crude oil. In the photorealistic image of the opencast mine, we are confronted with the scar inflicted on the natural landscape by coal mining, while on the right-hand side the focus is on the aestheticized materiality of the gleaming oil.

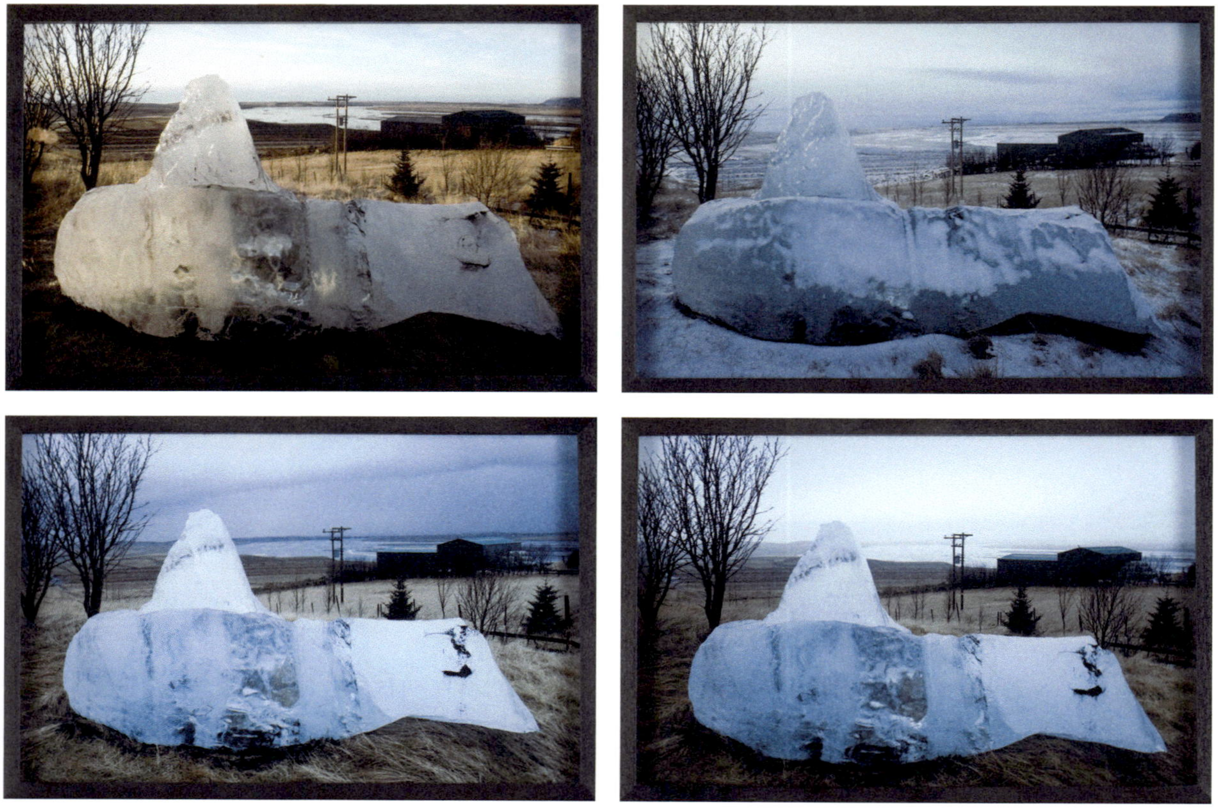

12. kat. sz.

Ólafur Elíasson (1967)
Olvadó jég Gunnar földjén

2008
C-print

Cat. no. 12

Ólafur Elíasson (1967)
Melting Ice on Gunnar's Land

2008
C-print

Ólafur Elíasson izlandi-dán alkotó művészeti gyakorlatában állandó téma a klímaváltozás, az ökológiai katasztrófa. A fotó, az építészet, a film és a szobrászat médiumai mellett számos nagy léptékű installációt készített 1995-ben létrehozott stúdiójával. Az itt látható fotósorozaton egy hatalmas jégtömb lassú olvadását dokumentálta egy izlandi barátja, a címben szereplő Gunnar földjén. A sorozat egyes darabjain változnak az éghajlati viszonyok, a tenger és a napszakok, míg végül a jégtömbből semmi sem marad.

A klímaváltozás következtében a gleccserek és az állandó jégtakaró a mérések kezdete óta soha nem tapasztalt sebességgel olvadnak. A földrajzi távolság miatt a mindennapokban hiába hallunk a problémáról, csak felszínesen foglalkozunk vele. A fotósorozat így kapcsolódik Elíasson *Jégfigyelés (Ice Watch)* című nagyszabású projektjéhez, melynek során Koppenhágában a városháza előtt, majd később a londoni Tate Modern előtt kör alakban elhelyezett 12 darab nagy méretű, Grönlandnál levált jégtömböt, melyeket a járókelők megfoghattak és megfigyelhették a tömbök olvadását. Elíasson figyelemfelkeltésnek szánta projektjét. Véleménye szerint fizikálisan megtapasztalni az évezredes jég olvadását elősegítheti egy tudatosabb, a klímaváltozás ellen aktívan fellépő társadalmi összefogás létrejöttét.

Climate change and ecological catastrophe are constant themes in the artistic practice of Icelandic-Danish artist Ólafur Elíasson. Besides working in the media of photography, architecture, film, and sculpture, he produced many large-scale installations with members of the studio that he founded in 1995. This series of photographs documents the slow melting of an enormous block of ice on land owned by an Icelandic friend, the titular Gunnar. In the individual pieces in the series, the weather conditions, the sea, and the time of day change, until eventually nothing at all remains of the block of ice.

Climate change is causing glaciers and the permanent ice cap to melt at a speed that has no precedent in recorded memory. Although news of this issue is present in our everyday lives, it is all happening so far away that we are affected only superficially. In this respect, this series of photos is linked to Elíasson's large-scale project *Ice Watch*, in which he arranged twelve large blocks of Greenland ice in a circle in front of the city hall in Copenhagen, and later outside the Tate Modern in London, allowing passers-by to touch them and to watch them melting. Eliasson intended this project to raise awareness. According to him, physically experiencing the melting of ice that is thousands of years old can help create a more informed society, capable of cooperating in the campaign against climate change.

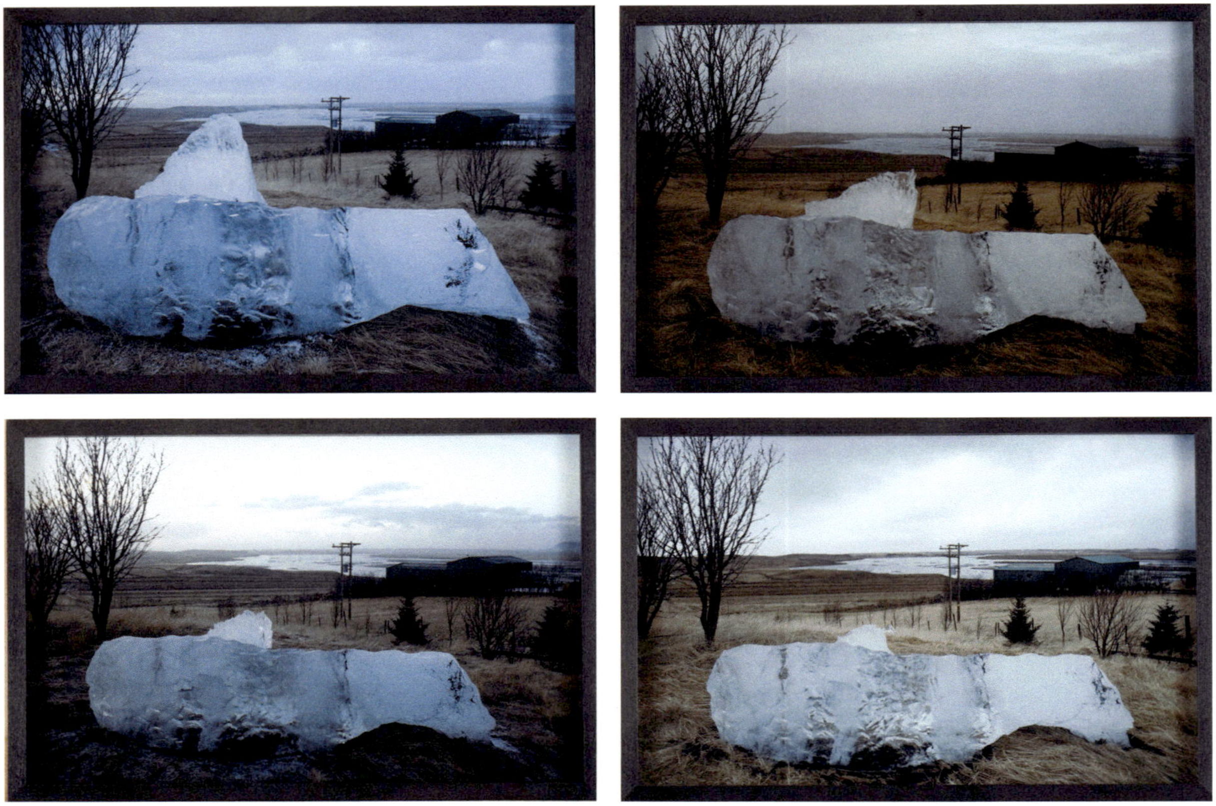

12. kat. sz.

Ólafur Elíasson (1967)
Olvadó jég Gunnar földjén

2008
C-print

Cat. no. 12

Ólafur Elíasson (1967)
Melting Ice on Gunnar's Land

2008
C-print

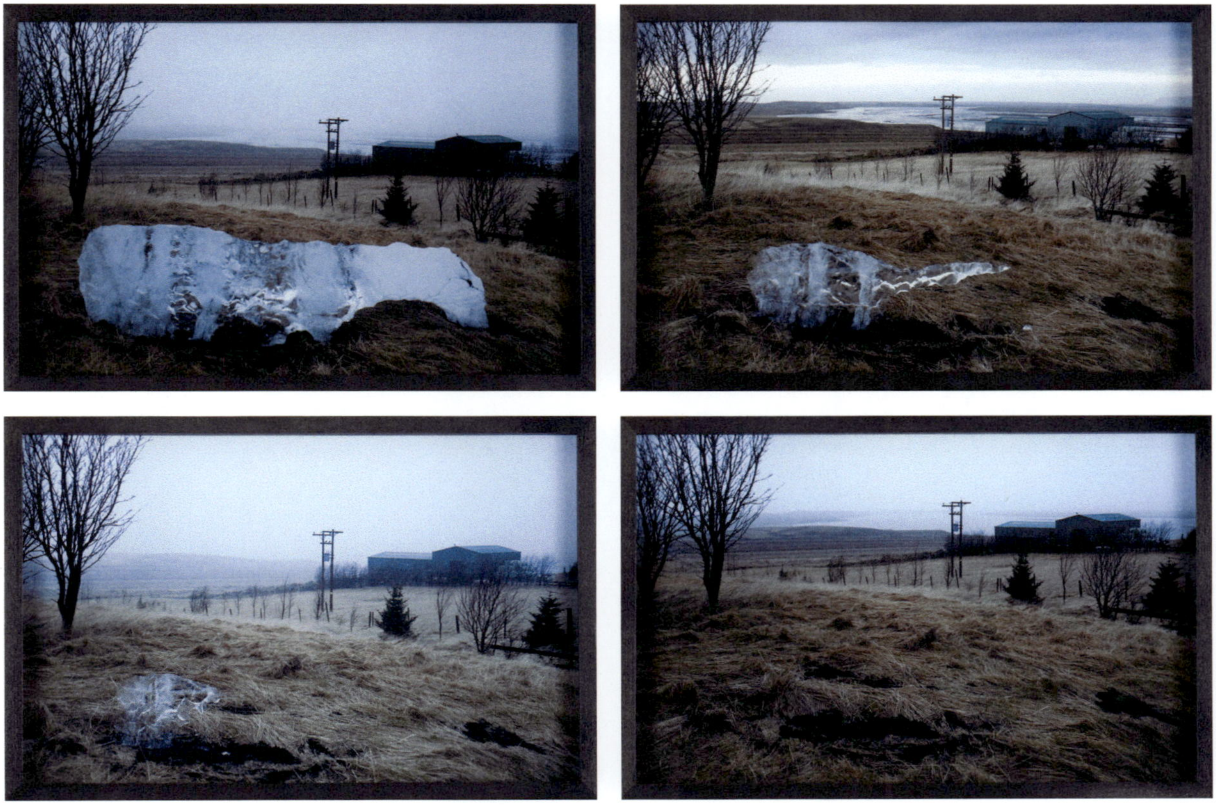

12. kat. sz.

Ólafur Elíasson (1967)
Olvadó jég Gunnar földjén

2008
C-print

Cat. no. 12

Ólafur Elíasson (1967)
Melting Ice on Gunnar's Land

2008
C-print

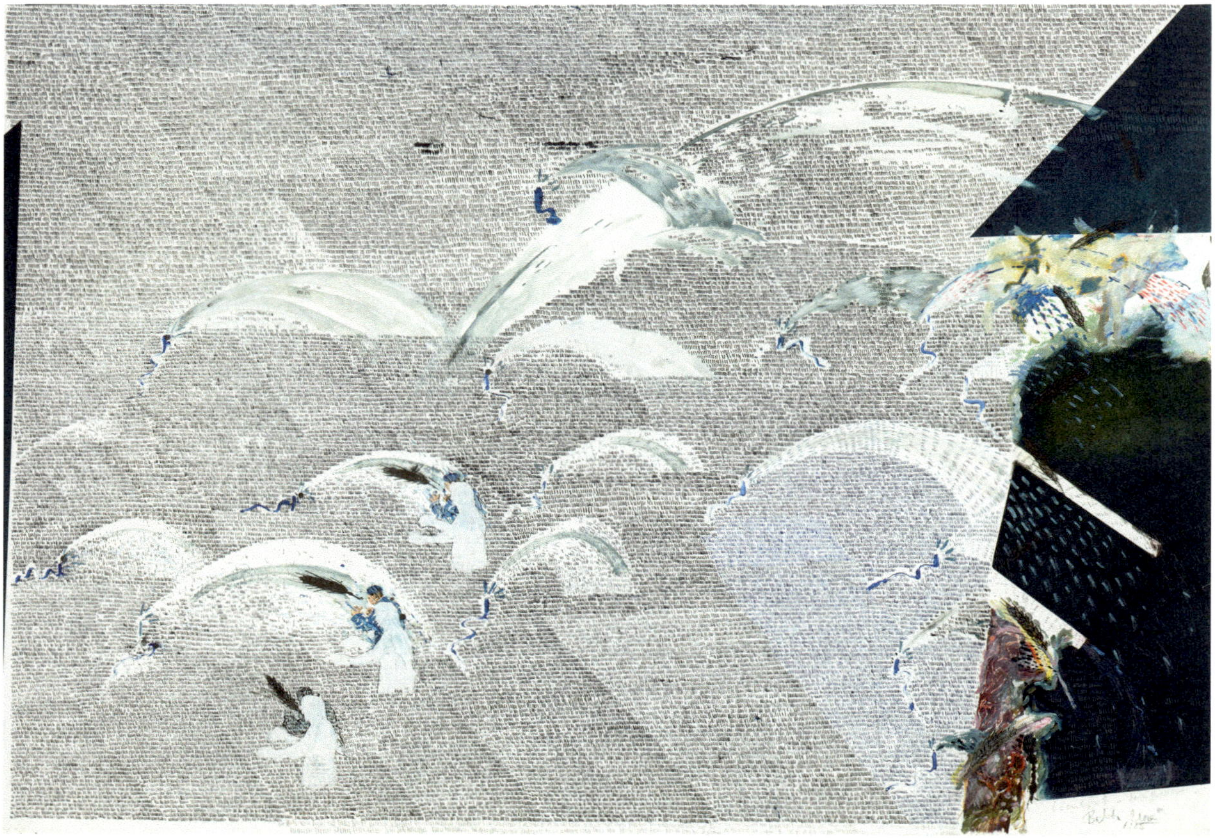

13. kat. sz.

Bukta Imre (1952)
Locsolják a búzaföldet

1985
Tempera, tus, akvarell, ceruza, papír

Cat. no. 13

Imre Bukta (1952)
Watering the Wheat Field

1985
Tempera, India ink, watercolour, and pencil on paper

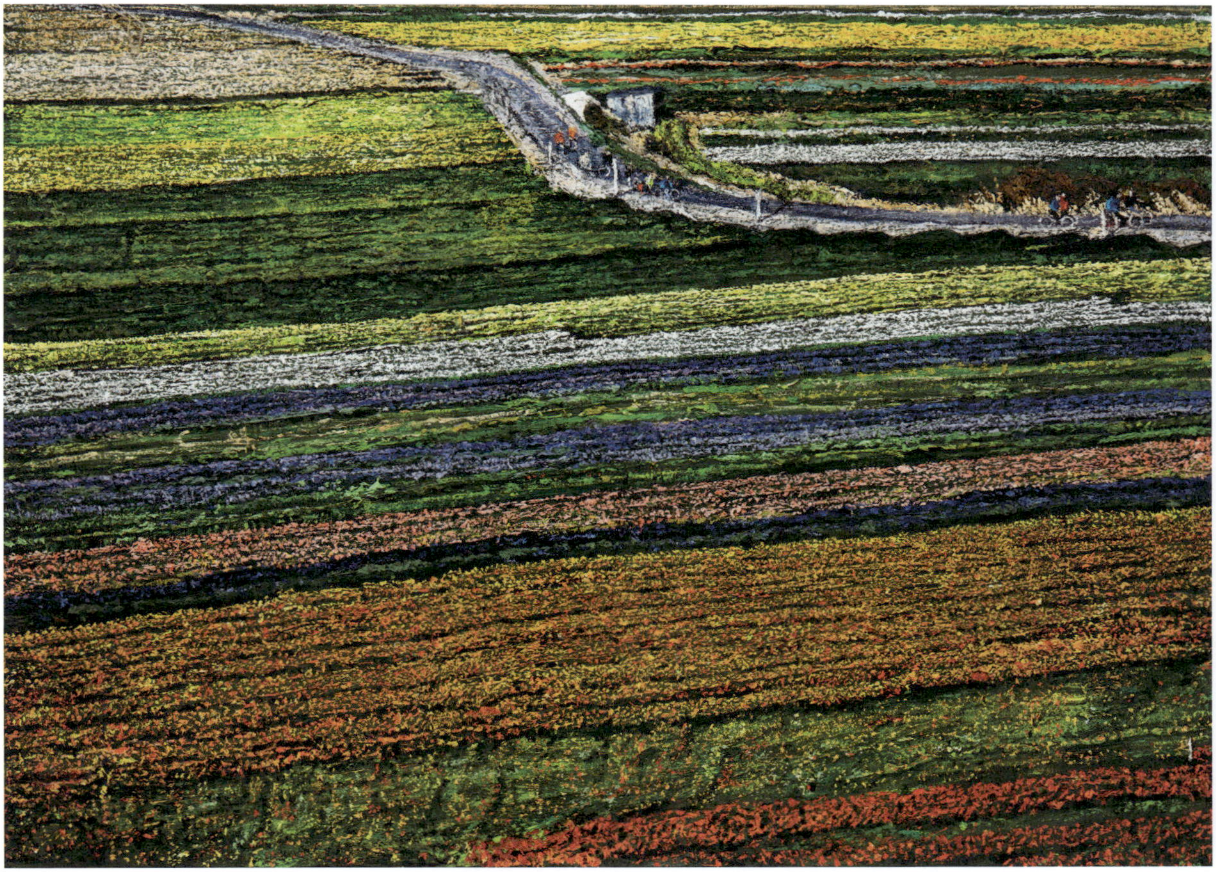

14. kat. sz.

Baranyai Levente (1966)
Csehszlovák nyár
Biogeometria 7.

2002
Olaj, vászon

Cat. no. 14

Levente Baranyai (1966)
Summer in Czechoslovakia
Biogeometry 7

2002
Oil on canvas

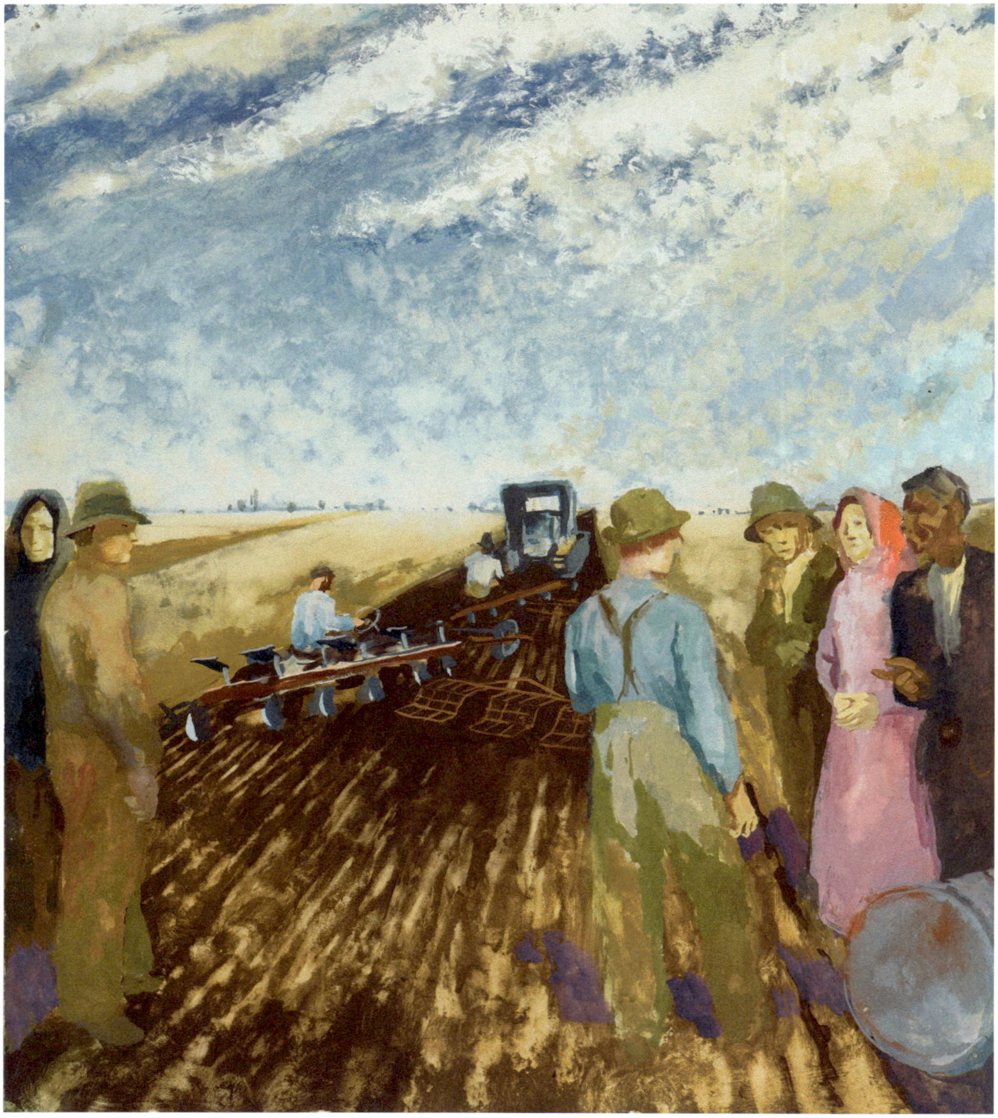

15. kat. sz.

Szőnyi István (1894–1960)
Megérkezik az első Sztalinyec
Mezőgazdasági panneau-vázlat V.

1952
Tempera, papír

Cat. no. 15

István Szőnyi (1894–1960)
The Arrival of the First Stalinets
Sketch for agricultural panel painting V

1952
Tempera on paper

Szőnyi István tanulmányait Budapesten és Nagybányán végezte, művészetében a posztimpresszionista hagyományt folytatta. 1923-tól Zebegényben élt, a Dunakanyar és a falusi élet a húszas–harmincas években művészetének fő motívumaivá váltak. Visszafogott színeivel, matt temperafestési technikájával, lírai emberábrázolásával egyedi stílust teremtett, amelynek nagy hatása volt a kor hazai festészetére. Humanista szemlélete miatt a szocialista realizmus ünnepelt alkotójává vált, aki nem a szovjet mintájú akadémizmust, hanem a nagybányai, atmoszferikus festészet szemléletét követte.

Mezőgazdasági témájú pannókat először 1951-ben festett az M2-es metró (akkor földalatti vasút) végállomásának pályázatára, „Mezőgazdaság és a sport" tematikában. Egy évvel később, a moszkvai *Magyar Mezőgazdasági Kiállítás*ra készültek újabb pannóvázlatai. A vázlatokat a *III. Magyar Képzőművészeti Kiállítás*on mutatták be két másik, hasonló formátumú képpel együtt. Az alkotások a mezőgazdasági termelés szövetkezetekbe való szervezését népszerűsítették, ami szovjet mintára a vidék modernizálását célozta. Az általunk is kiállított, *Megérkezett az első Sztalinyec*, a *Megbeszélik a földosztást és az alkotmányt*, valamint *A TSZCS (Termelőszövetkezeti csoport) első megbeszélése* című vázlatokat azért méltatta a korabeli kritika, mert Szőnyi ezeket a témákat egymással összekapcsolódó táji környezetben és azonos fényviszonyok között jelenítette meg. A mezőgazdaság nagyüzemivé tétele a paraszti gazdaságok marginalizálódásához vezetett, átalakította a magyar tájat, viszont nagymértékben növelte a hazai földterületek és az állattartás termelékenységét.

István Szőnyi studied in Budapest and Nagybánya (now Baia Mare, Romania), and his work belongs to the post-impressionist tradition. After moving to Zebegény in 1923, the Danube Bend and village life became the principal subjects of his art in the 1920s and 1930s. With his muted colours, matt tempera technique, and lyrical human representations, he created a unique style that was hugely influential on contemporary Hungarian painting. His humanist approach made him a celebrated socialist realist artist, who, rather than Soviet-style academicism, adhered to the atmospheric painting typical of the Nagybánya artists.

His first panels on an agricultural theme were painted in 1951, in the context of a competition for works on the theme "Agriculture and Sport" for the end stop of the M2 metro line. A year later, new panel sketches were produced for the *Hungarian Agriculture Exhibition* in Moscow. The sketches were shown at the *Third Hungarian Art Exhibition,* together with two other works in a similar format. These works popularised the organisation of agricultural production into cooperatives, which was aimed at modernising rural areas on the soviet model. The sketches shown here – *The Arrival of the First Stalinets, Discussing Land Distribution and the Constitution,* and *The First Meeting of the Agricultural Cooperative* – won the acclaim of contemporary critics, as Szőnyi presented his subjects in interconnected rural settings and identical light conditions. While the organisation of agriculture into large-scale farms led to the marginalisation of peasant farmers and transformed the Hungarian landscape, it substantially increased the productivity of arable land and livestock breeding in Hungary.

3. szekció

Konstruált táj

A kiterjedt urbánus életterekben megmutatkozik az alapvető emberi szükséglet a természet közelségére városi parkok, kertek, vagy akár csak az erkélyekre kihelyezett virágosládák és szobanövények formájában. Az épített környezettel egyidős a kertek kialakítása, létrehozása. A reprezentatív építészetnek évszázadokra visszamenően része a grandiózus parkok, kertek megkomponálása is. A 19. század óta az emberiség számos védett természeti környezetet kerített el. A városok zöldítése a 21. században már túlmutat az egyszerű esztétikai funkciókon; az élhető urbánus közeghez szükségessé vált a további zöld területek bővítése és létrehozása.

> Az érintetlen vadon mítosza a romantika óta fontos elképzelés volt, ez az érintetlenség azonban, ha valaha létezett is, mára vitathatatlanul eltűnt. Már az első természetvédelmi területek esetében is felmerült a kérdés, hogy mennyiben tekinthető természetesnek egy olyan környezet, amely kizárólag az emberi beavatkozás okán maradhat fent és emberi felügyelet alatt áll. A legnagyobb táj- és természetvédelmi parkok gondos, figyelő tekintetek kereszttüzében léteznek, flórájuk és faunájuk megőrzése mellett tudományos kutatások vagy egyszerűen csak a szabadidő eltöltésének helyszínei; az emberi tevékenységeknek alárendeltek. Ezekért a területekért azonban felelősséget érzünk: létrejött egyfajta gondoskodó viszony, amely – kisebb léptékben – a magánkertekhez való kapcsolatunkhoz hasonló. A konstruált természeti közegek gondozása nagyobb fokú megértéshez és megismeréshez vezet, mely egyúttal segíti a hatékonyabb gondoskodást is.

A klímaváltozás katalizátora a környezetre irányuló óvó, konzerváló, vizsgálódó emberi attitűdnek. Paradox módon éppen az emberi tevékenység kártékony hatásai miatt vált szükségessé a nagyobb fokú figyelem és tudatosság a táj, az ökoszisztémák és a benne lévő egyes fajok iránt. A fokozott odafigyelés eredményeként az emberiség a saját kártékony beavatkozásai által előidézett esetleges ökológiai katasztrófa utáni helyzetre a tudomány eszközeivel igyekszik felkészülni, hogy amennyiben szükséges, mesterséges úton segíthesse a természet és így saját életterének regenerálását.

Section 3

Constructed Landscapes

Within the broad spectrum of urban living spaces, the fundamental human need for proximity to nature is manifested in the form of city parks and gardens, or even in houseplants and balcony flowerpots. Garden design and creation are as old as the built environment. The landscaping of magnificent parks and gardens is an aspect of prestigious architecture that dates back centuries. Since the nineteenth century, numerous protected natural areas have been designated. The greening of our cities in the twenty-first century is more than a matter of simple aesthetics; the expansion and creation of further green spaces have become a prerequisite for liveable urban environments.

The myth of an "unspoilt wilderness" was once an important concept, dating from the romantic era, although this untouched wild, if it ever existed, has now unequivocally vanished. Even at the time the first nature reserves were created, questions were raised concerning the "naturalness" of an environment that survives exclusively as a result of human intervention, and that is under human management. The largest landscape and nature conservation areas are centres of attention from a variety of perspectives; besides the conservation of their flora and fauna, they provide opportunities for scientific research or simply for recreation, thus they are subordinate to human activities. Yet we have a sense of responsibility for these areas: a relationship of stewardship has emerged, resembling our – smaller-scale – relationship to private gardens. Caring for these constructed natural environments leads to greater understanding and awareness, which, in turn, contributes to more effective stewardship.

The climate crisis has catalysed a custodial, protective, investigative attitude towards the environment. Paradoxically, it is precisely the harmful impacts of human activities that have generated a need for greater attention to and awareness of landscape and ecosystems, and the individual species that live in them. As a result of this heightened attention, human beings are endeavouring to use scientific tools to prepare for conditions after a potential ecological catastrophe brought about by their own harmful interventions, allowing them, as far as possible, to help nature, and thus the regeneration of their own living space, by artificial means.

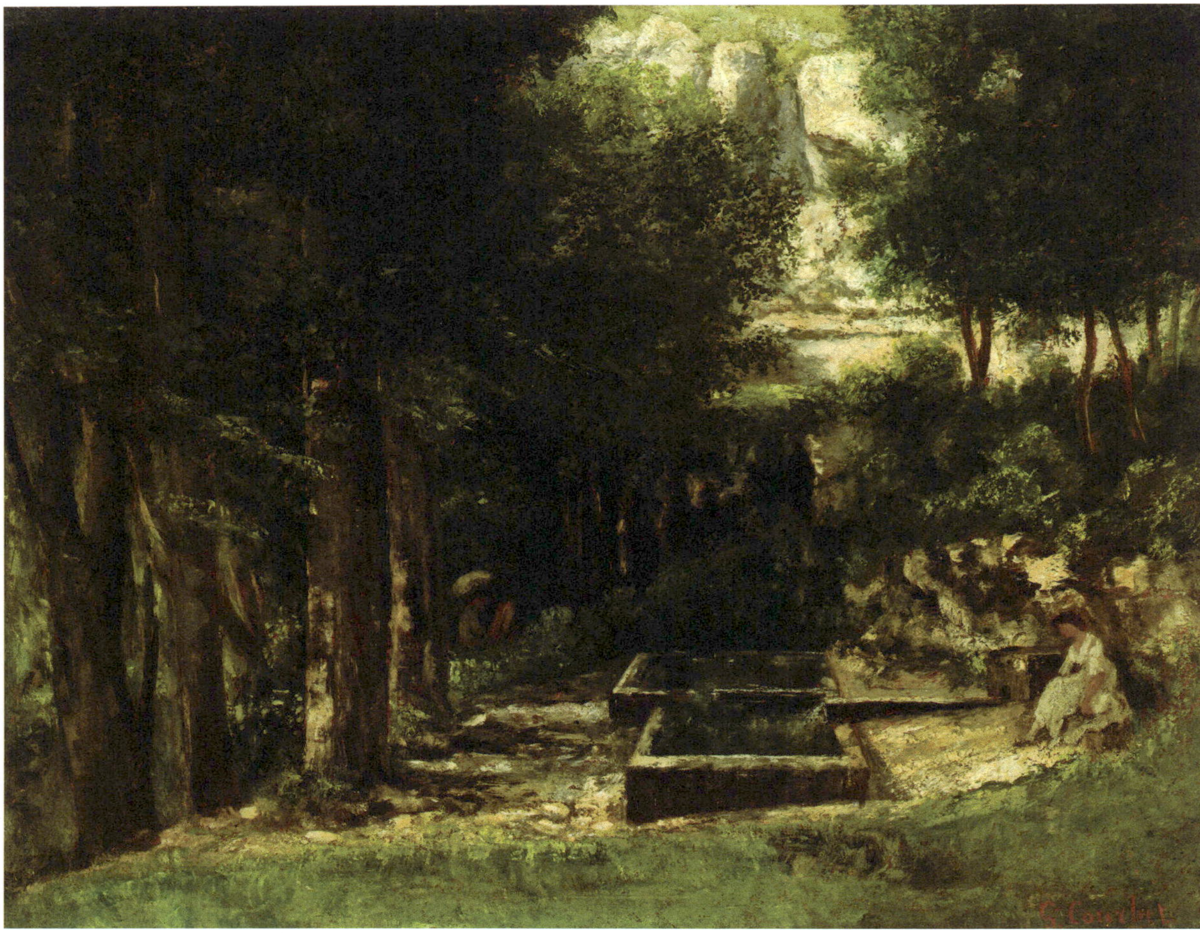

16. kat. sz.

Gustave Courbet (1819–1877)
A Léri-forrás Chassagne-ban

1863
Olaj, vászon

Cat. no. 16

Gustave Courbet (1819–1877)
The Spring of Léri in Chassagne

1863
Oil on canvas

Gustave Courbet az 1850-es évekbeli, társadalmi kérdésekre reflektáló, erős politikai töltetű, hangos botrányokat kavaró nagy méretű kompozíciói után a következő évtizedben némileg eltávolodott a szociális jellegű témáktól, és a táj egyre fontosabb szerepet kapott művészetében.

Évtizedekig úgy gondolták, hogy az erdei tájkép Franciaország atlanti partján, Fouras közelében készült, ezért sokáig *A fouras-i forrás*ként volt ismert. A Musée Courbet segítségével azonban nemrégiben bebizonyosodott, hogy a mű a festő szülővárosa, a kelet-franciaországi Ornans környékét ábrázolja. A Chassagne-Saint-Denis nevű kis faluban fellelhető Léri-forrás szinte érintetlenül megmaradt: a medencék és a háttérben húzódó sziklafal a mai napig felismerhetők. Az eredeti helyszínnel összehasonlítva a festményt jól látható, hogy Courbet hogyan redukálta a tájat markáns, egyszerű formákra, és milyen merészen alkalmazta a festőkést a nyári vegetáció és a fény-árnyék hatások ábrázolásában. A művész oly mértékben a tájábrázolásra fókuszált, hogy csak alaposabb vizsgálat után tűnik fel a forrás mellett ülő fiatal nő és az állványnál dolgozó festő a háttérben.

The 1850s was a period of great realist paintings for Gustave Courbet: his compositions, formulated with a strong political content and reflecting on social issues created noisy scandals. In the next decade Courbet somewhat withdrew from social themes and landscape painting gained more importance in his art.

For several decades, this forest landscape was considered to have been executed near Fouras on the French Atlantic coast, and was therefore known as the *Spring at Fouras*. With the help of the Musée Courbet, it recently became clear that the work was made near Ornans, the small town in Eastern France where the painter was born. The spring of Léri situated in the village of Chassagne-Saint-Denis has been left nearly untouched, the pools and the rocky background are recognisable even today. Comparing the painting with its original setting, we can observe how Courbet reduced the landscape to clear, simple shapes, rendering the summer vegetation and the effects of light and shadow with his bold palette knife technique. He focused on the landscape to such an extent that the young woman sitting next to the spring and the painter working at the easel in the background only become visible after a closer examination.

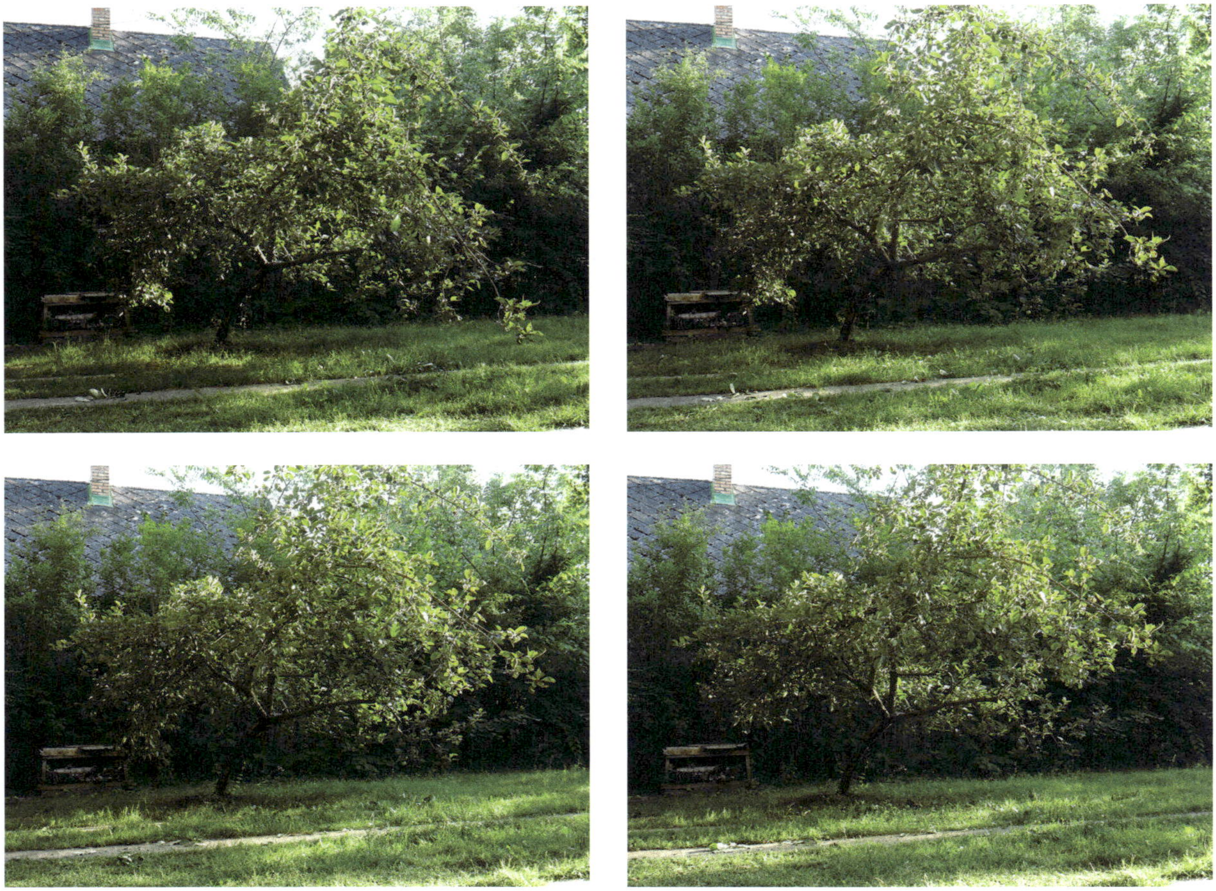

17. kat. sz.

Ex-Artists' Collective [Kaszás Tamás Tibor (1976); Loránt Anikó Erzsébet (1977–2020)]
Egy almafa fellélegzik

2014
Video loop

Cat. no. 17

Ex-Artists' Collective [Tamás Tibor Kaszás (1976); Anikó Erzsébet Loránt (1977–2020)]
An Apple Tree Finally Breathes Freely

2014
Video loop

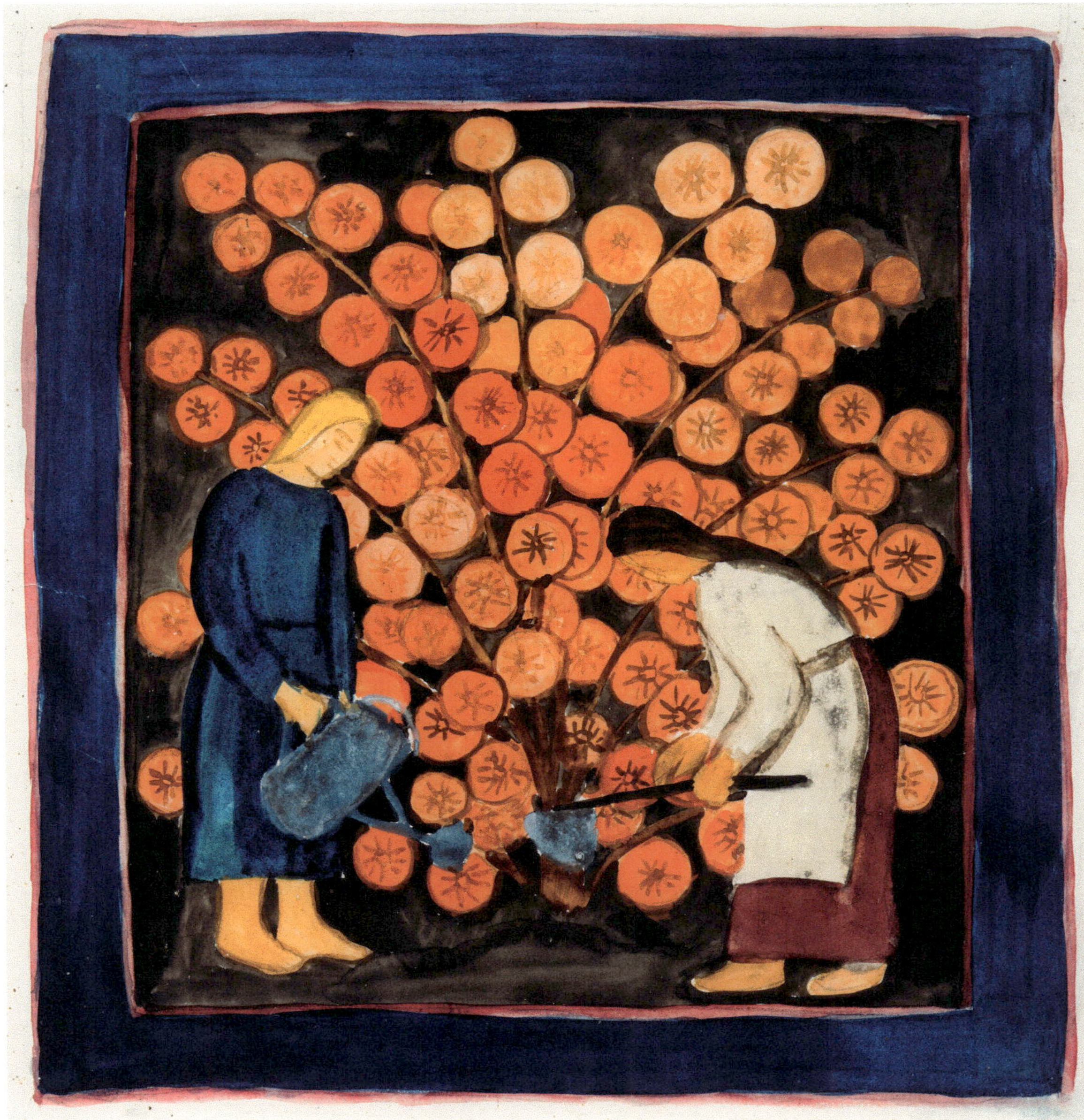

18. kat. sz.

Ferenczy Noémi (1890–1957)
Kertésznők (szőnyegterv)

1923
Gouache, papír

Cat. no. 18

Noémi Ferenczy (1890–1957)
Gardeners (Carpet design)

1923
Gouache on paper

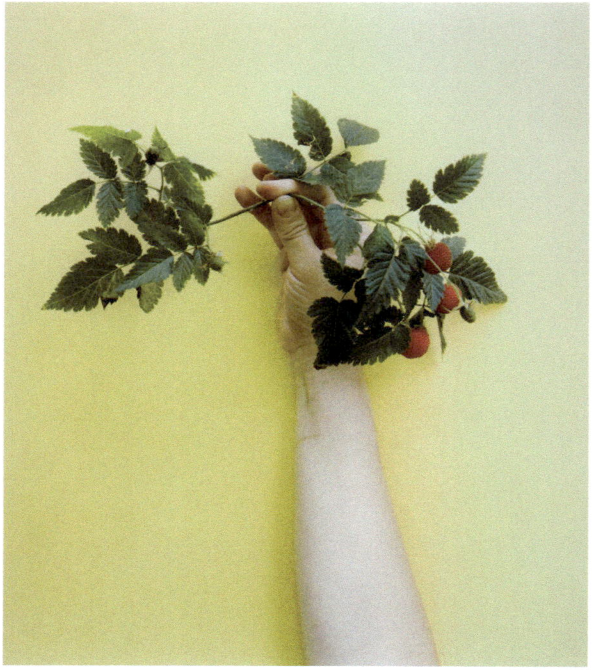

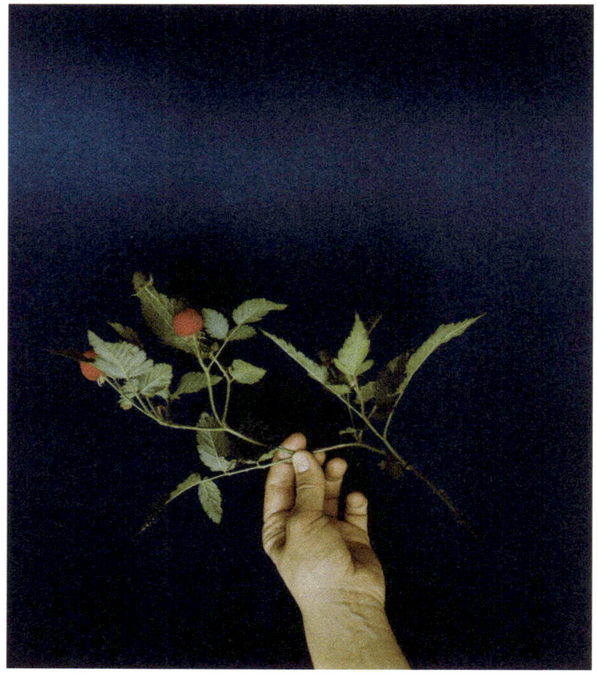

19. kat. sz.

Ember Sári (1985)
Berry at Dusk, Berry at Dawn

2013
C-print

Cat. no. 19

Sári Ember (1985)
Berry at Dusk, Berry at Dawn

2013
C-print

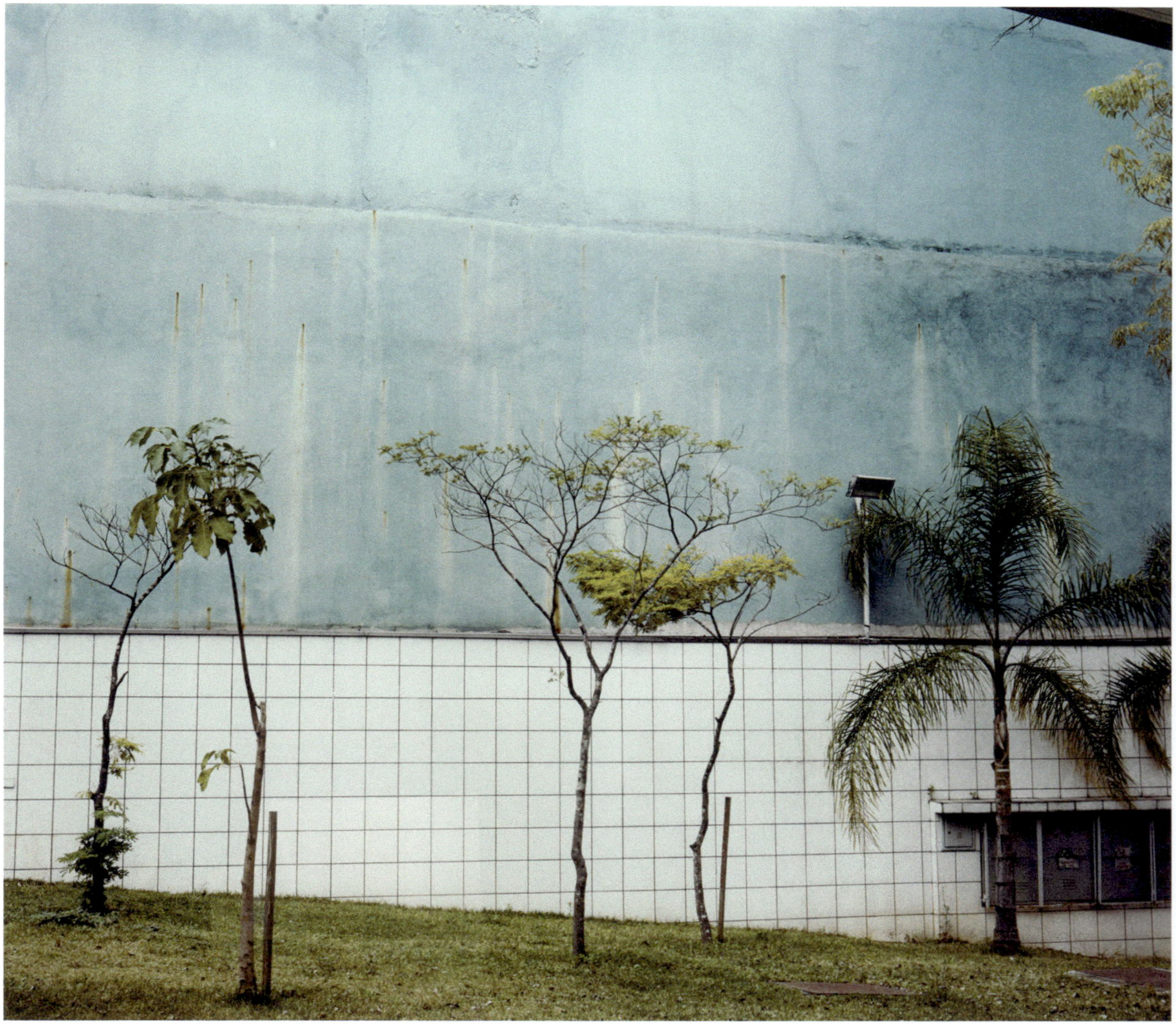

20. kat. sz.

Ember Sári (1985)
Kert I.

2013
C-print

Cat. no. 20

Sári Ember (1985)
Garden I

2013
C-print

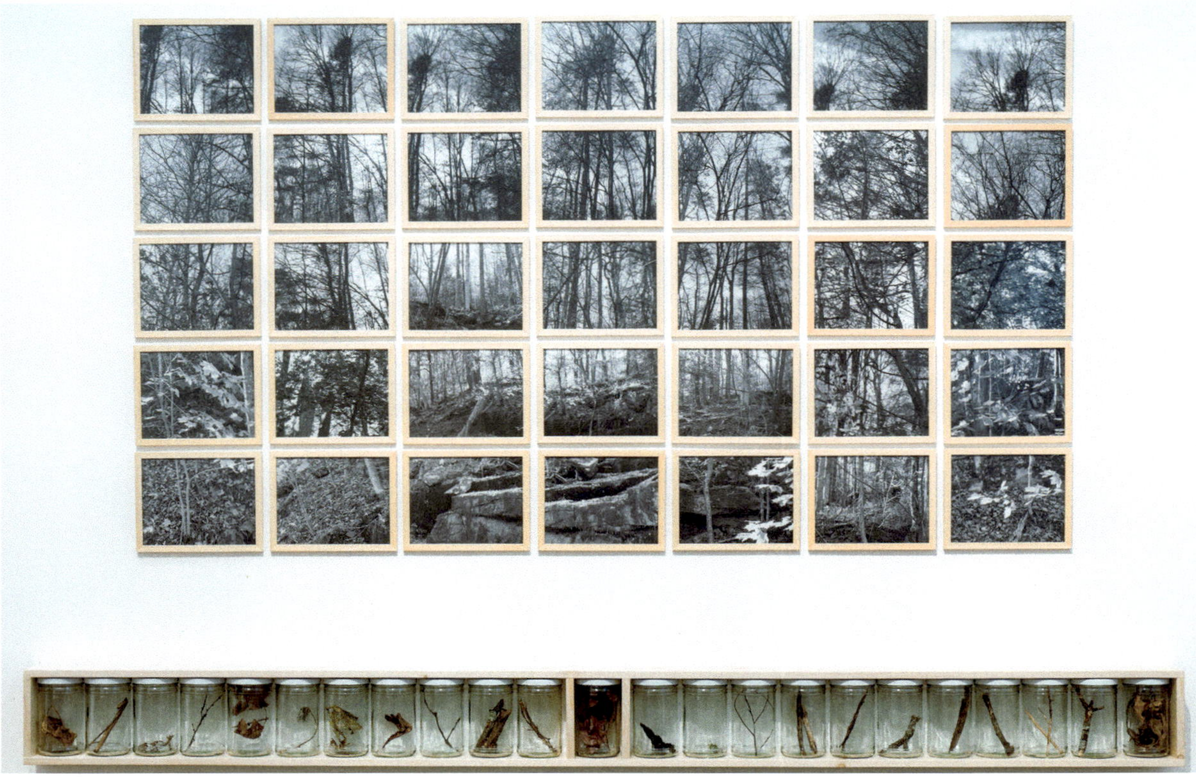

21. kat. sz.

Alan Sonfist (1946)
New York City fáinak génbankja

1974
Ezüstzselatin nagyítás

Cat. no. 21

Alan Sonfist (1946)
Gene Bank of the Trees of New York City

1974
Gelatin silver print

Az amerikai Alan Sonfist a művészet hagyományos intézményrendszerét elutasító earth artnak, land artnak vagy environmental artnak nevezett irányzat képviselője. Az 1960-as évek közepétől készülő alkotásai a természetművészet kontemplatívabb vonulatába tartoznak. Társaival ellentétben nem buldózerrel mozgat meg többtonnányi földet és hoz létre tájidegen, monumentális geológiai formációkat. Műveiben sokkal inkább az etikai kérdések kerülnek előtérbe. Célja az, hogy a következő nemzedékek ne csak megismerjék azt a környezetet, ahol őseik felnőttek, de képessé is tegye őket életterük természetes mikroklímájának a visszaállítására.

New York északkeleti részén, a Bronxban még érintetlen bürökfákról készült fényképei és az erdőben talált növényfajok spóráit tartalmazó üvegtartályok a művész sajátos „ökológiai régészetének" termékei. Időkapszulák, melyek magukban hordozzák a környezet történelmét, múltját, ugyanakkor funkciójuknál fogva a vele való jelen idejű kapcsolatot is megőrzik az utókor számára.

The American artist Alan Sonfist represents the movement that rejects the conventional institutional system of art, which is known variously as earth art, land art or environmental art. The works he has produced since the mid-1960s belong to the most contemplative strain of nature art. Unlike some of his associates, he does not shift masses of earth with bulldozers to create monumental geological formations that stick out from their surroundings. His works place more of their focus on ethical questions. His objective is not simply to help future generations form an image of the environment where their ancestors grew up, but to bequeath them a means with which they can restore the natural microclimate of their living space.

The photos he took of old-growth hemlock trees in the Bronx in north-east New York City and the glass containers of the spores of different floral species he found in the forest are the products of the artist's own "ecological archaeology". They are time capsules containing the past history of the environment, yet through their intended function, they also preserve for posterity our present-day connection to our habitat.

4. szekció

Tájkísérletek

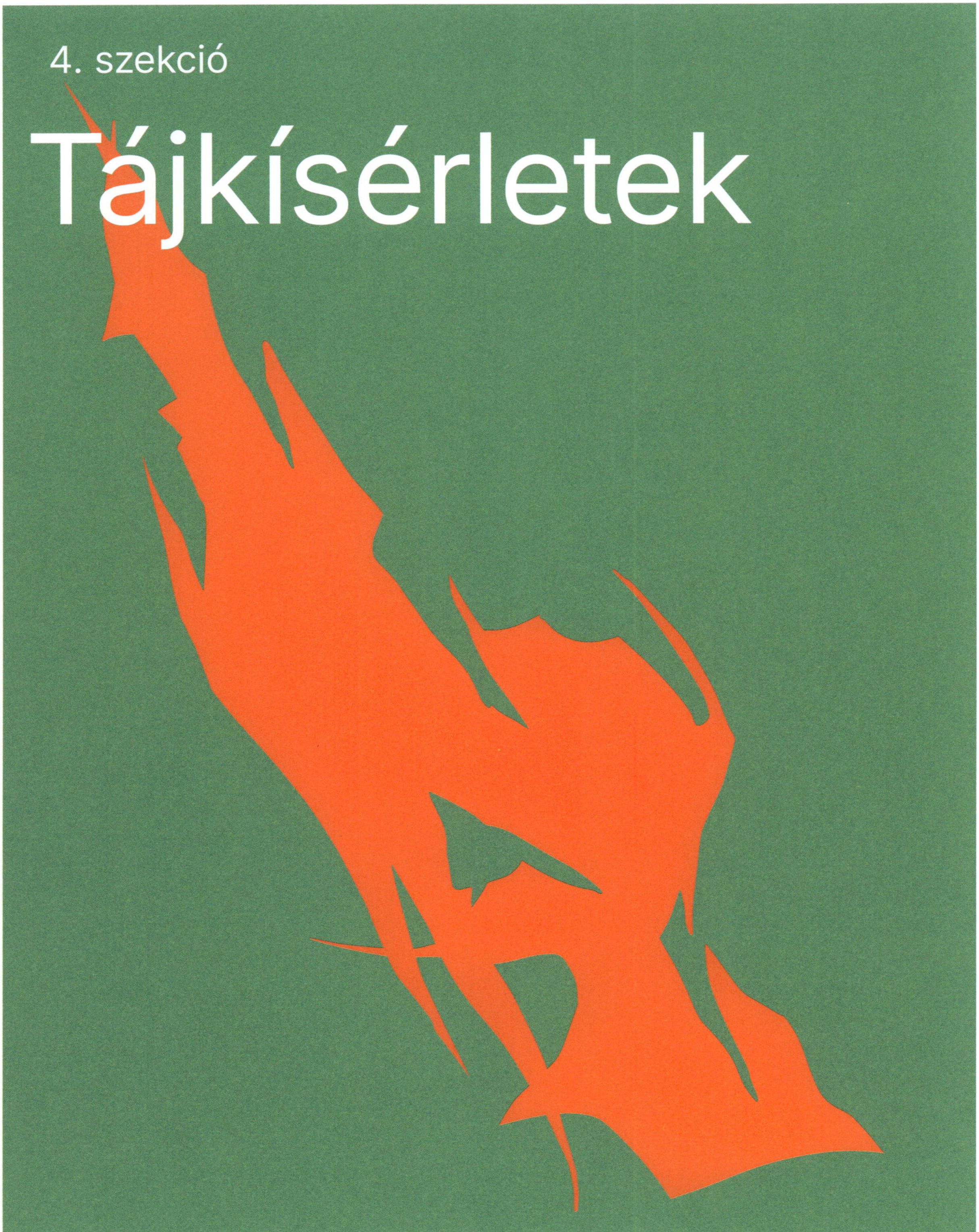

A természet és a művészet viszonyának vizsgálata során óhatatlanul felmerül a kérdés, hogy a land art, illetve az ezzel rokon, a természetet nemcsak a művészet témájaként, hanem „anyagaként" és aktív alkotóelemeként alkalmazó művek mennyiben kötődnek az ökológiához kapcsolódó művészeti diskurzushoz.

A szűkebb értelemben vett land art az 1960–1970-es évek folyamán jelent meg az Amerikai Egyesült Államokban és Nyugat-Európában. Az irányzat létrejöttében fontos motiváció volt a művészet kommodifikációjára, a műtárgy termékké válására adott reakció. Miközben a természet látványként, témaként jelen van ezekben a munkákban, a táj nagymértékű, akár a helyi ökoszisztémát is megváltoztató átalakítása miatt ez az alkotói attitűd nem lépett ki a nyugati kultúrkörben fennálló, az emberi akaratot a természet fölé rendelő hozzáállásból. Magyarországon, illetve a kelet-közép-európai régió több országában az 1970-es évektől készültek a természetet médiumként alkalmazó munkák. Ezek jellemzően efemer alkotások voltak, melyekben a tájat nem módosították, jellemzőbb, hogy a művészek különböző tárgyakat, anyagokat helyeztek a tájba egy rövid időre, és az így létrejövő látványról fotódokumentáció készült. Az attitűd különbözősége magyarázható a pénzügyi és erőforrások hiányával, de a művészi szándék is eltérő.

Az ebben az időszakban új erőre kapó művésztelepeket általában a nagyvárosoktól távol, természetközelben rendezték meg, ami inspirálta a természet és ember viszonyáról való gondolkodást. Jó példa erre az 1975-ben induló Velemi Textilművészeti Alkotóműhely, ahol a résztvevők sokszor a falu természeti környezetében installálták és fotózták a gyakran a természet formáit idéző, természetes anyagokból, például szizálból készült, illetve esetenként kifejezetten a tájba tervezett munkáikat – a természet-művészet viszonyra és a textilművészet szerepére is reflektálva.

A hetvenes évek leginkább land art jellegű munkáit a Pécsi Műhely tagjai hozták létre. Műtermi munkáik geometrikus és konstruktivista szemléletét vitték ki a Pécshez közeli erdőkbe, homok- és kőbányákba. Egyszerű anyagokat, például papírszalagokat installáltak fákra vagy a bánya lépcsőzetes kialakítású oldalára. A hozzáadott forma révén a tájban létrejövő új viszonyrendszerek érdekelték őket elsősorban. A módosult látképekről fotót készítettek, amely önmagában is művé vált, így a képalkotói attitűdöt is a munkafolyamat részévé tették.

Ez az efemer, de megörökített jelleg az 1970-es évektől napjainkig jellemző maradt a magyar művészek land art jellegű alkotásaiban, akik gyakran úgy hoztak létre műveket a tájban, a tájjal, hogy a fotót vagy videót tekintették a végső állomásnak, míg más esetekben a fotót a performatív aktus megörökítésére alkalmazták. Ezekben a munkákban a tájba történő beavatkozás jellemzően rövid idejű, nem okoz maradandó változást. Néhány esetben egészen eszköztelen módon, csak az emberi test és a táj vonalai között teremtettek harmóniát, máskor a természet erejére, például a folyó sodrására hagyatkozva hozták létre az alkotást. Bár sokféle szemléletük a poétikustól a konceptuálisig terjed, az ember és a maga után hagyott nyomok természetbeli jelenlétének tematizálása összeköti a munkákat.

Section 4

Landscape Experiments

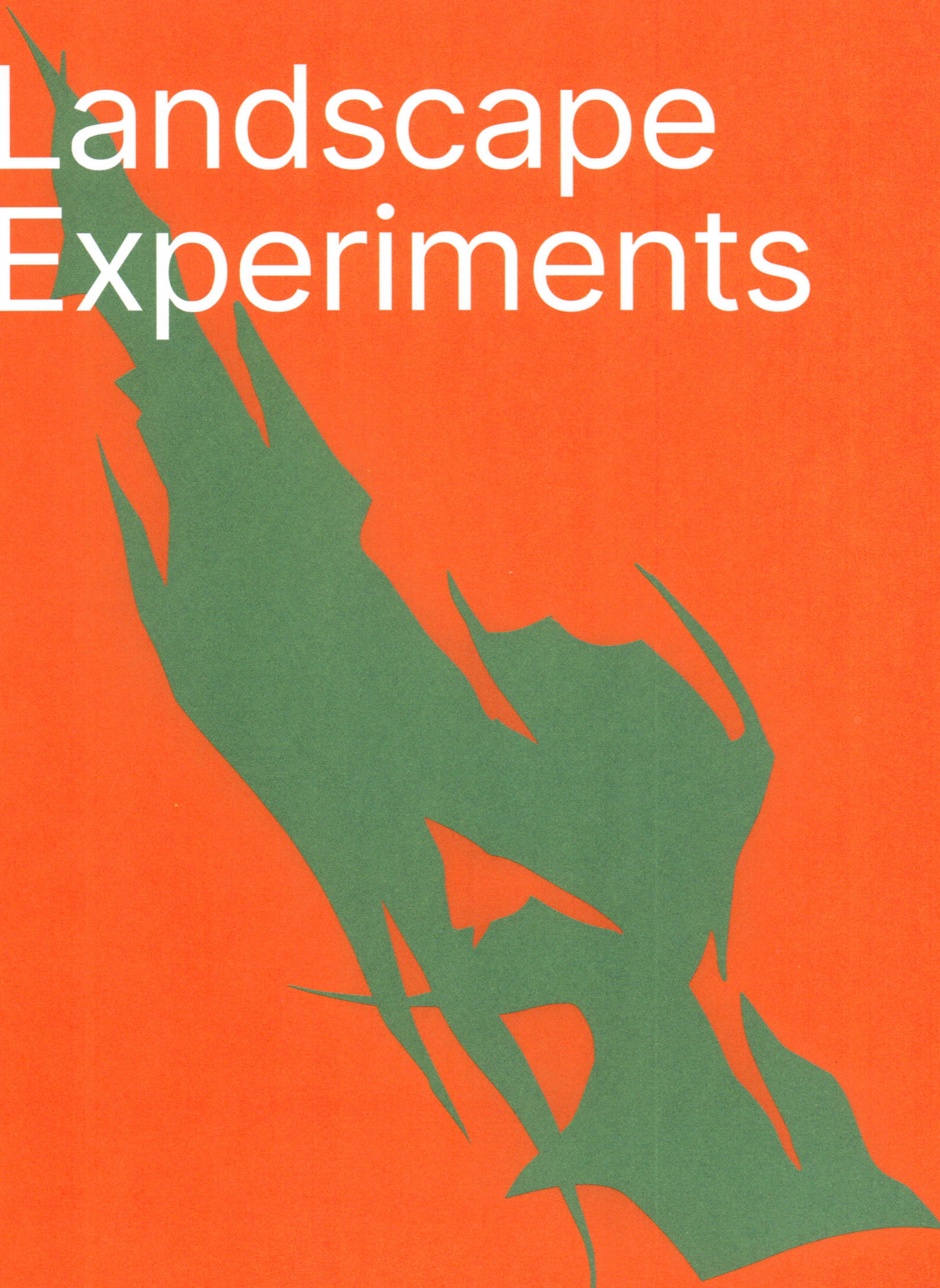

When thinking about the relationship between nature and art, a question inevitably arises concerning the extent to which land art – along with related works in which nature is used not only as theme but also as "material" and active component – is associated with artistic discourse on ecology.

Land art, understood in the strict sense, emerged during the 1960s and 1970s in the United States of America and Western Europe. The trend came about largely in response to the commodification of art – the transformation of the artwork into a product for sale. Although nature is present in these works as seen object and theme, because of the large-scale transformation of the landscape, and even modifications to local ecosystems, this creative attitude was no different from the mindset in which human will is superior to nature – a mindset still prevalent in western culture. In Hungary, as in several countries in East-Central Europe, works using nature as a medium were typically produced from the 1970s. These were generally ephemeral creations, in which there was no modification of the landscape; more typically, artists briefly placed various objects or materials into the landscape and documented the result in photographs. While this difference in attitude can be explained by a shortage of money and resources, the artistic intention also differed.

Art workshops, which took on a new lease of life in this period, were generally set up in natural environments, well away from cities, inspiring reflection on the relationship between nature and human beings. One such example was the Velem Textile Art Workshop, launched in 1975, where it was often in a natural village environment that participants installed and photographed works that evoked natural shapes, created from natural materials such as sisal, and sometimes designed explicitly for the landscape – reflecting on the relationship between nature and art and the role of textile art. In the 1970s, most land art-style work was produced by members of the Pécsi Műhely (Pécs Workshop). They took the geometric and constructivist approach of their studio works out into the forests and the sand and stone quarries near Pécs, installing simple materials, such as strips of paper, onto trees or the tiered sides of the quarries. They were primarily interested in the new relationships created in the landscape by means of the acquired shapes and took photographs of these alterations, which became artworks in themselves, making image creation part of the working process.

This quality of being ephemeral yet immortalised has remained a characteristic feature of Hungarian land art-style works from the 1970s to the present day: when creating works in and with the landscape, artists often regarded the photo or video as the final phase, while in other cases photographs were used to record a performative action. In these works, the landscape interventions are typically brief and cause no lasting alteration. In some cases, the artists created harmony simply between the human body and the contours of the land, in an entirely unmediated way, while on other occasions their work relied on a natural force, such as river currents. Although ranging in approach from the poetic to the conceptual, these works are connected thematically by the presence in nature of human beings and the traces they leave behind.

Jel és Árnyék

Fölötted lebeg a Jel, mely mozdulatlan.
Árnyéka a Földön helyről helyre, időről időre
mindig változik.
Ha az Árnyékot figyeled, megtudsz valamit
a Jelről,
de ezt a tudásodat folyton módosítani kell.
Ha a Jelet figyeled, megtudsz mindent.

22. kat. sz.

Haris László (1943)
Jel és árnyék, részlet

1975–1978
Ezüstzselatin (vintage)

Cat. no. 22

László Haris (1943)
Sign and Shadow, detail

1975–1978
Gelatin silver print (vintage)

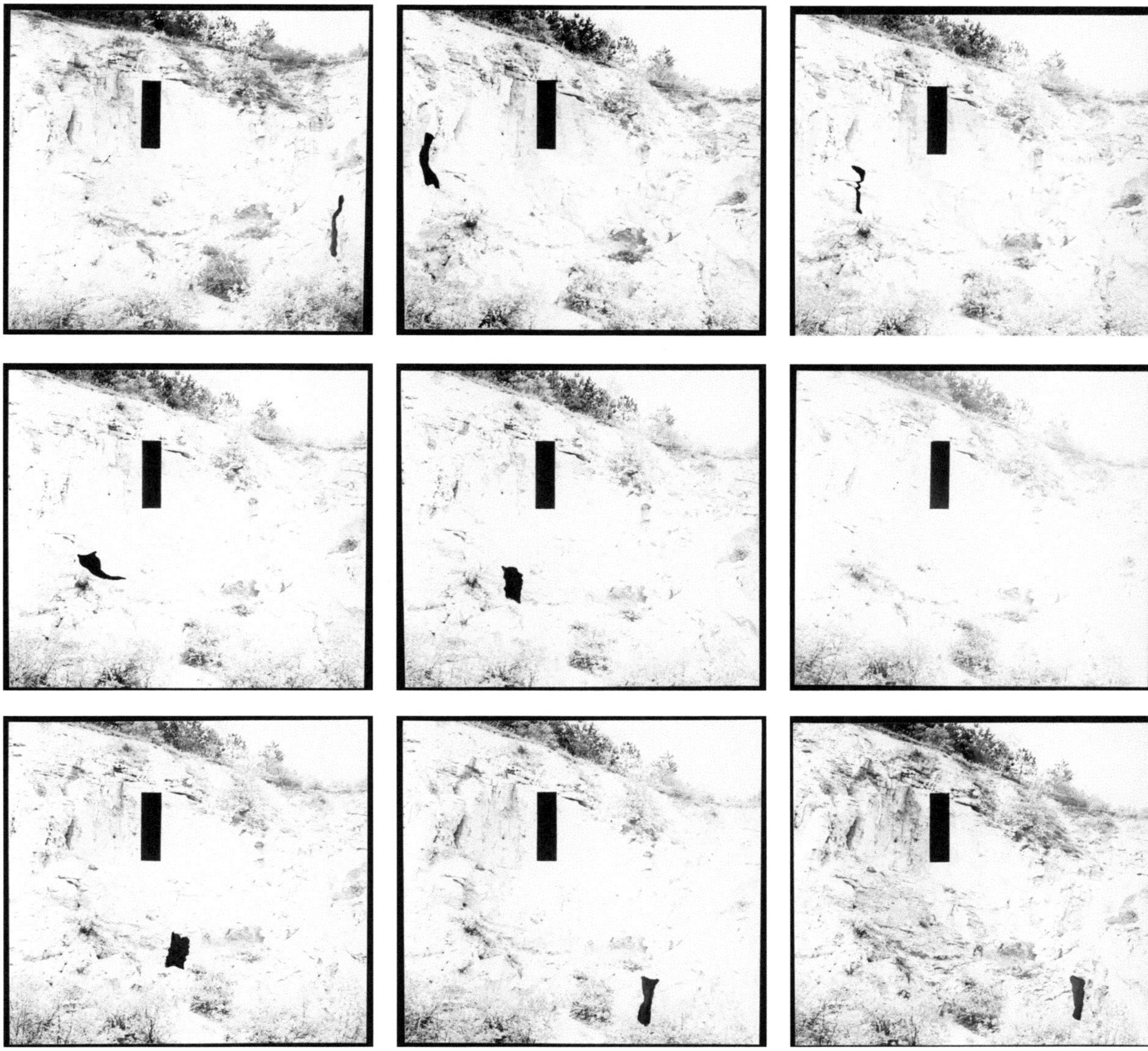

22. kat. sz.

Haris László (1943)
Jel és árnyék, részlet

1975–1978
Ezüstzselatin (vintage)

Cat. no. 22

László Haris (1943)
Sign and Shadow, detail

1975–1978
Gelatin silver print (vintage)

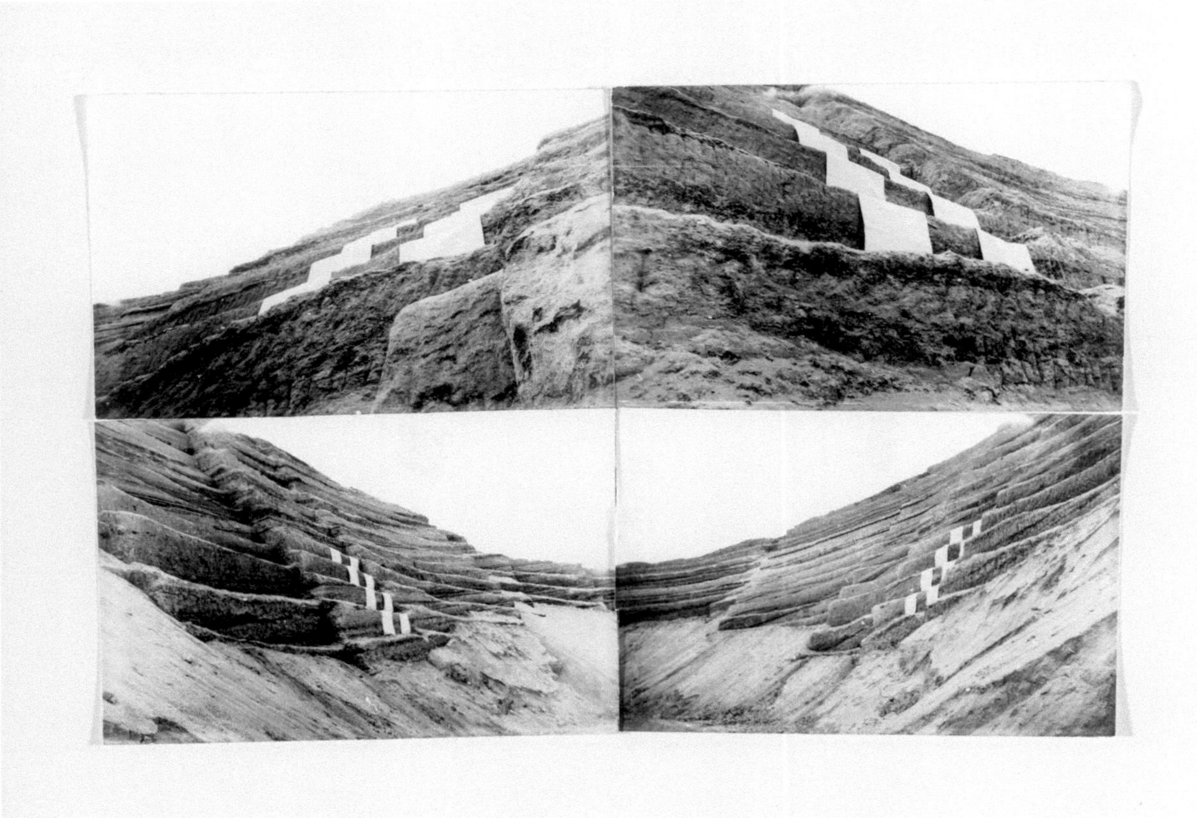

23. kat. sz.

Kismányoki Károly (1943–2018)
Szíjártó Kálmán (1946)
Tájátalakítás (1–4.) (Látóhatár)

1970
Vintage fotónagyítás

Cat. no. 23

Károly Kismányoki (1943–2018)
Kálmán Szíjártó (1946)
Landscaping (1–4) (Horizon)

1970
Vintage photo print

Kismányoky Károly és Szíjártó Kálmán az 1970–1980-as években működő Pécsi Műhely két meghatározó tagja volt. A Műhely munkájára általánosan jellemző analitikus és kutató szemlélet tetten érhető a művészek tájban végzett munkáiban is. Ellentétben a klasszikus értelemben vett land art munkákkal Kismányoky és Szíjártó az erősen geometriára épülő műhelymunkáik eredményeit kívánták felülvizsgálni azáltal, hogy kísérleti analízis céljával természeti környezetbe helyezték őket. Fontos szempont volt számukra a természet tisztelete, igyekeztek úgy beavatkozni a tájba, hogy semmilyen helyrehozhatatlan kárt ne okozzanak.

A *Tájátalakítás (1–4.) (Látóhatár)* című fotósorozaton látható akció során a két művész papírcsíkokat lógatott le a pécsi homokbánya lépcsőzetes teraszain. Az ipari tevékenység által roncsolt helyszínen az idegen elemként bekerülő papírcsík tájjal való interakcióját, az új látvány, az új tájkép vizuális hatását vizsgálták. A négy, szeriális jelleget öltő fotó jelen esetben dokumentációs eszközként funkcionál, ugyanakkor sajátos minőséget képviselő médium is, amely az önálló képi valóság megteremtése révén autonóm műtárggyá válik.

Károly Kismányoky and Kálmán Szíjártó were pivotal members of the Pécsi Műhely (Pécs Workshop), which was active in the 1970s and 1980s. The kind of analytical and research-oriented approach that characterised the work of the Műhely in general is also apparent in the open-air works produced by the two artists. In contrast to land art as classically understood, Kismányoky and Szíjártó's goal was to revisit the results of their strongly geometrical workshop-based works by situating them in a natural environment for the purposes of experimental analysis. They had the greatest respect for nature and were careful to avoid causing irreparable damage during their landscape interventions.

The series of photographs *Landscaping (1–4) (Horizon)* records an action that involved the two artists laying strips of paper down the stepped terraces of a sand quarry in Pécs. In a location damaged by industrial activity, they examined the interaction between the paper strips, introduced as foreign objects, and the surroundings, as well as the visual impact of the new appearance of the landscape. The four, serial-like photographs function, in this case, as a means of documentation, while at the same time being a medium with its own, unique quality, which, through the creation of an independent pictorial reality, becomes an autonomous work of art.

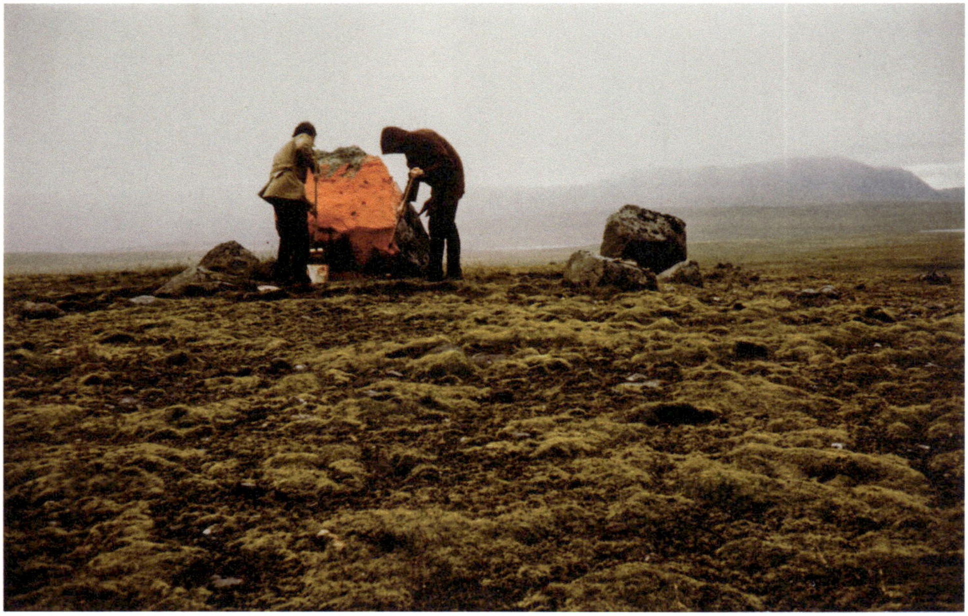

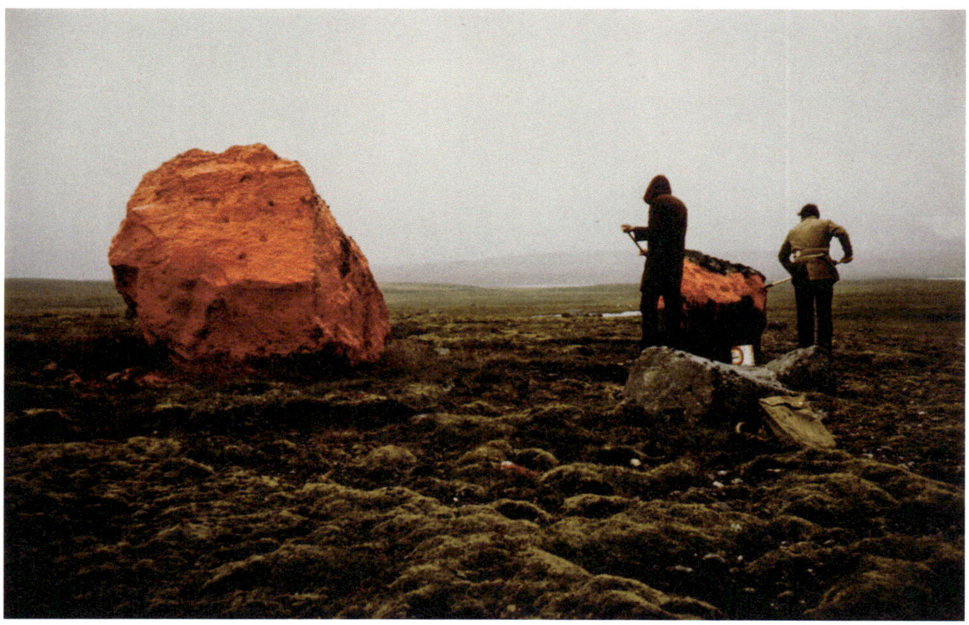

24. kat. sz.

Attalai Gábor (1934–2011)
Red-y made-sorozat

1978
Akril, ofszet, papír

Cat. no. 24

Gábor Attalai (1934–2011)
Red-y made Series

1978
Acrylic and offset print on paper

Attalai Gábor bár koncept-, mail art és akcióművészként vált ismertté, a textilművészet megújításában is kulcsszerepet játszott. Művészetét a fluxus mozgalom szellemében határozta meg, amikor úgy fogalmazott, hogy „a művészetet nem stílusként, esztétikaként kell felfogni, hanem úgy, ahogy éled az életed". Fotó- és tárgyalapú műveiben az arc, a környezet, a hétköznapi tárgyak mind lehettek kísérletek kiindulópontjai, mint ahogy természeti vagy városi tájban is készített terv jellegű vagy kivitelezett beavatkozásokat. Művészetének külön egységét képezik a red-y-made-ek, amelyeken Marcel Duchamp munkáira reflektálva vörös színnel festett át avantgárd művészeti reprodukciókat. Az átszínezéssel a szocializmus szovjet zászlóira ironikusan reflektálva valós városi és tájobjektumok átfestését is dokumentálta, amivel a land art egy környezetkímélő változatát gyakorolta.

Bemutatott műve eredetileg egy olyan izlandi kiállításhoz kapcsolódott, amelyen a meghívás ellenére a művész nem tudott részt venni. Az előkészületek során a helyi művészeti egyetem két hallgatójától, Eggert Péturssontól és Ingólfur Arnarssontól kért fotókat a kiállítás helyszínéül szolgáló Sudurgata 7 galériáról, a környezetéről és a környékbeli sziklás tájakról. A tájképeket ábrázoló fotónagyításokon kiválasztott sziklákat először fotókon festette meg vörössel és melléjük a „red-y-made" pecsétet tette, hogy a kiválasztással létrehozott műtárgy duchamp-i gondolatát érvényesítse. Ezt visszaküldve megkérte segítőit, hogy fessék be a kiválasztott sziklákat és dokumentálják az akciót. A beavatkozás vizes alapú színezőanyaggal történt, így nem károsította a táji környezetet.

Although Gábor Attalai became known as a conceptual, mail, and action artist, he also played an important role in the renewal of textile art. His statement that "art must be understood not as style or aesthetics but in the way you live your life" places his work within the spirit of the Fluxus movement. The starting point for experimentation in his photo- and object-based works might be a face, an environment, or everyday objects, in the same way that he planned or realised interventions in natural or urban landscapes. His so-called "red-y mades" form a distinct set of works, in which, with a nod to Marcel Duchamp, he painted over reproductions of avantgarde art in red. Using this repainting to make an ironic comment on Soviet socialist flags, he also documented the repainting of real objects in urban and natural settings, practising an environmentally friendly version of land art.

The work on display here was originally associated with an exhibition in Iceland, in which the artist, despite receiving an invitation, was unable to participate. As part of his preparatory work, he asked two students at the local art university, Eggert Pétursson and Ingólfur Arnarsson, to send him photographs of the Sudurgata 7 gallery that was hosting the exhibition, the surrounding neighbourhood, and the nearby rocky landscape. Having selected rocks in the photographic enlargements of the landscapes, he first painted them red on the photographs, adding the stamp "red-y made" as an endorsement of the Duchampian concept of creating art from chosen objects. He sent back the photographs, and asked his helpers to paint the selected rocks and document their action. The intervention was carried out using water-based paints, thus without harming the environment.

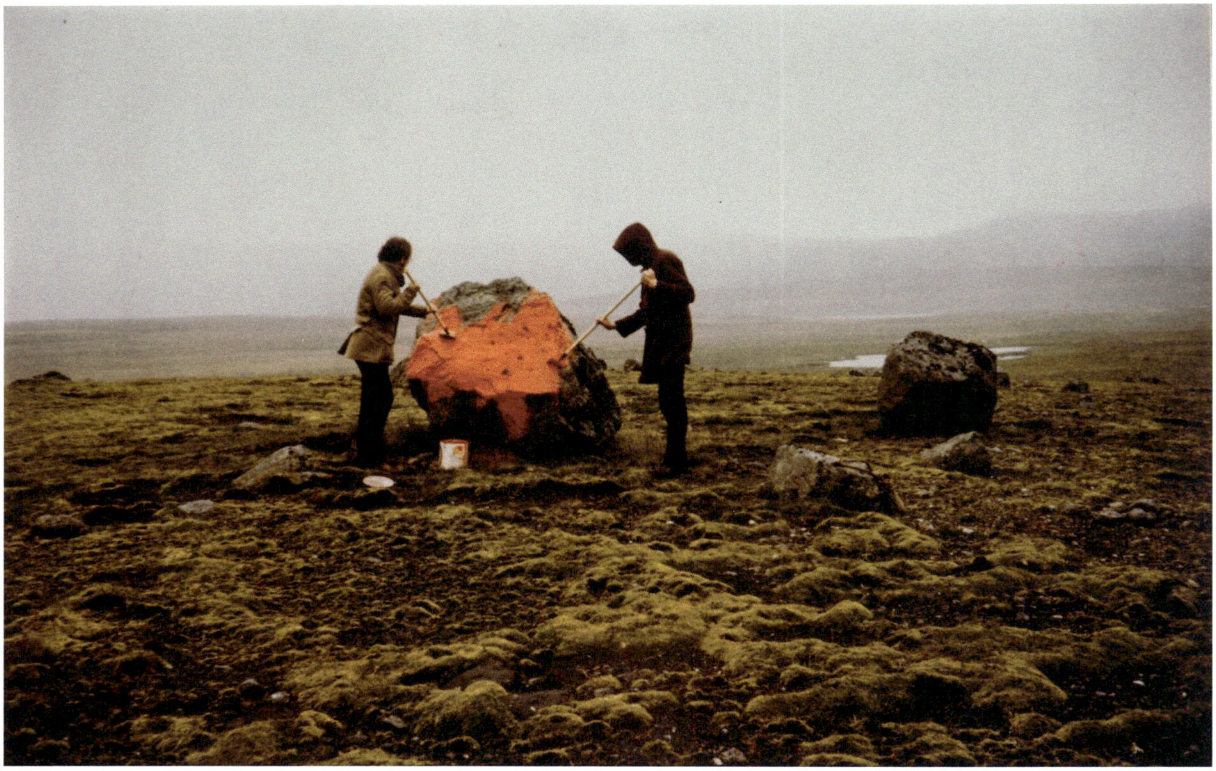

24. kat. sz.

Attalai Gábor (1934–2011)
Red-y made-sorozat

1978
Akril, ofszet, papír

Cat. no. 24

Gábor Attalai (1934–2011)
Red-y made Series

1978
Acrylic and offset print on paper

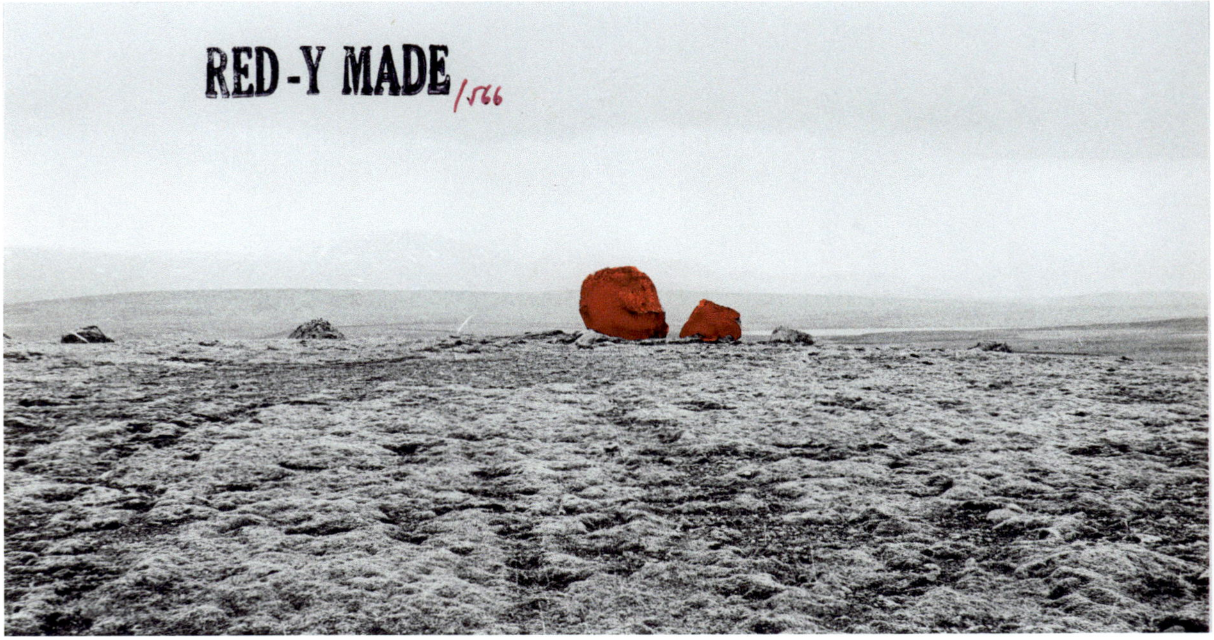

24. kat. sz.

Attalai Gábor (1934–2011)
Red-y made sorozat/566,
Project for Painted Rocks

1978
Akril, ofszet, papír

Cat. no. 24

Gábor Attalai (1934–2011)
Red-y made Series/566,
Project for Painted Rocks

1978
Acrylic and offset print on paper

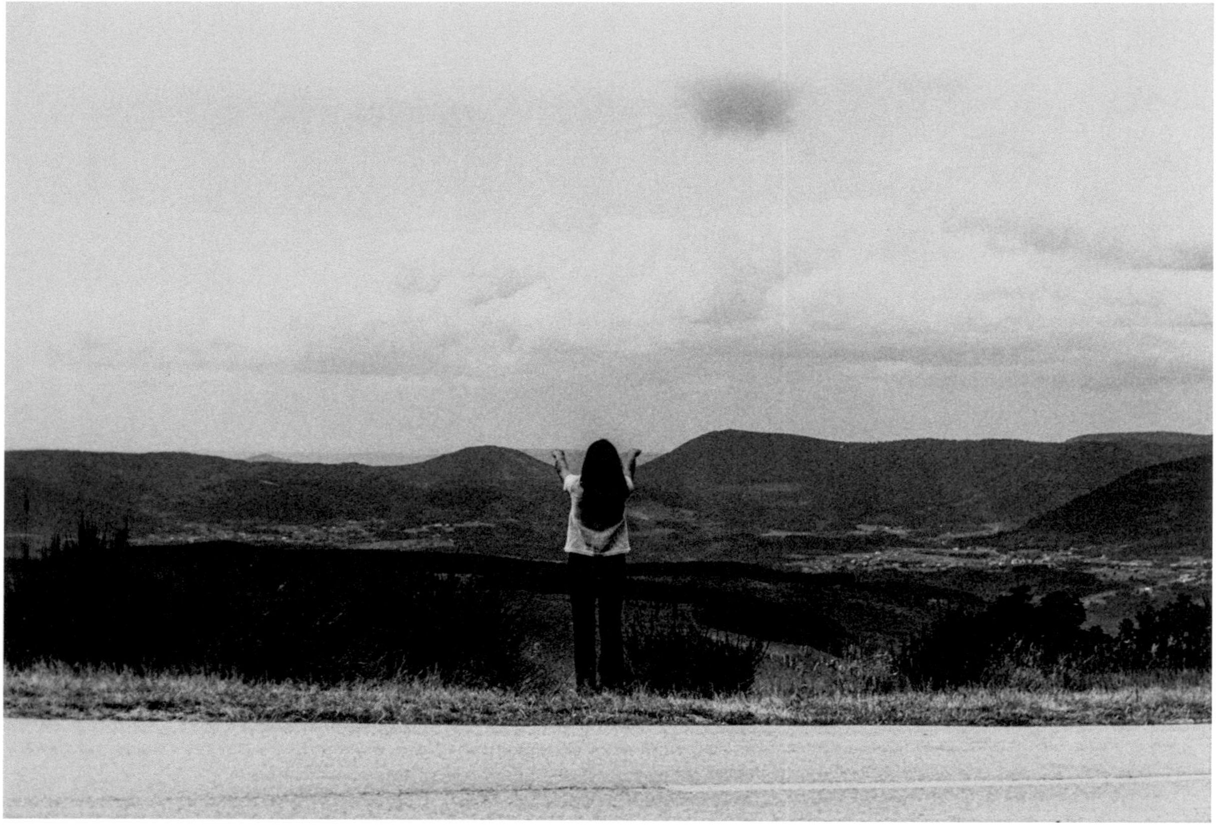

25. kat. sz.

Barbara Leisgen (1940–2017)
Michael Leisgen (1944)
Természetes kapcsolat

1973
Ezüstzselatin nagyítás

Cat. no. 25

Barbara Leisgen (1940–2017)
Michael Leisgen (1944)
Natürliche Korrespondenz

1973
Gelatin silver print

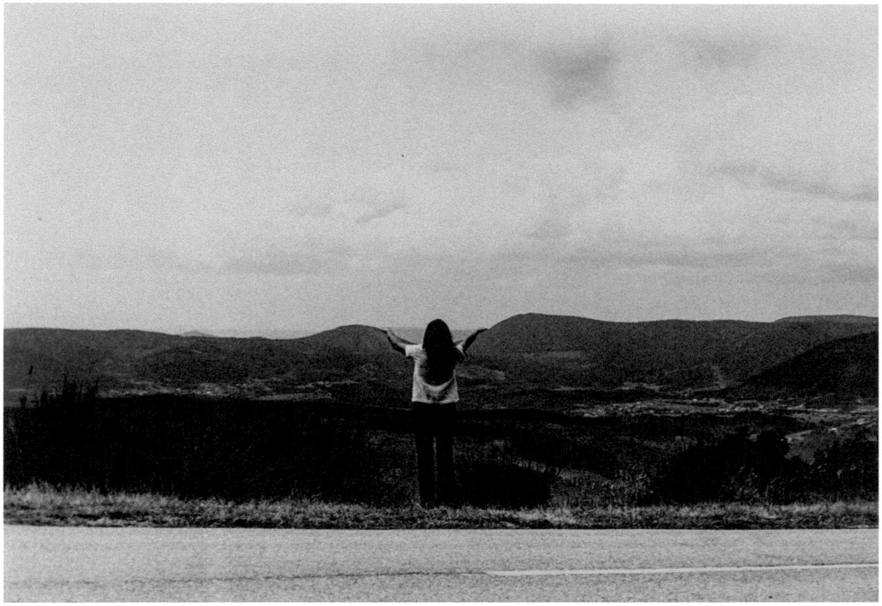

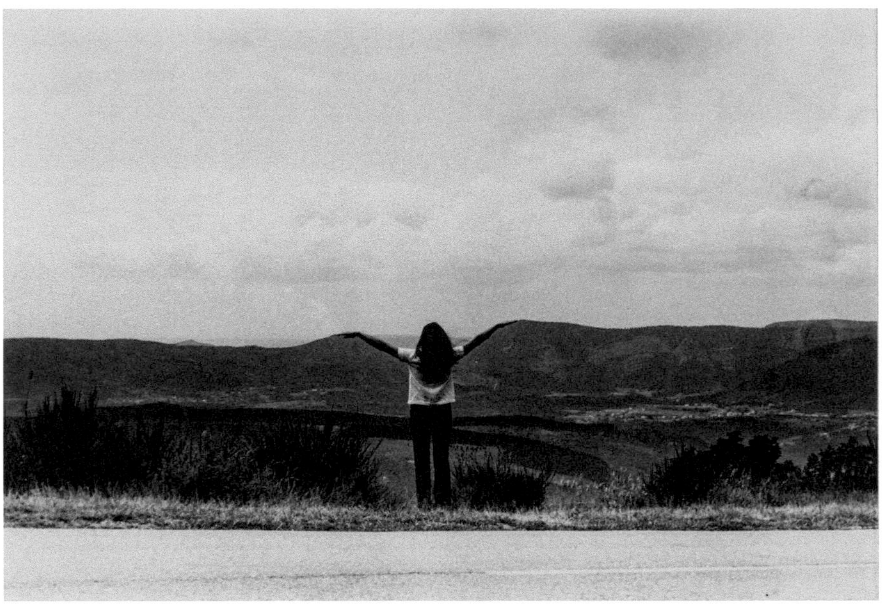

25. kat. sz.

Barbara Leisgen (1940–2017)
Michael Leisgen (1944)
Természetes kapcsolat

1973
Ezüstzselatin nagyítás

Cat. no. 25

Barbara Leisgen (1940–2017)
Michael Leisgen (1944)
Natürliche Korrespondenz

1973
Gelatin silver print

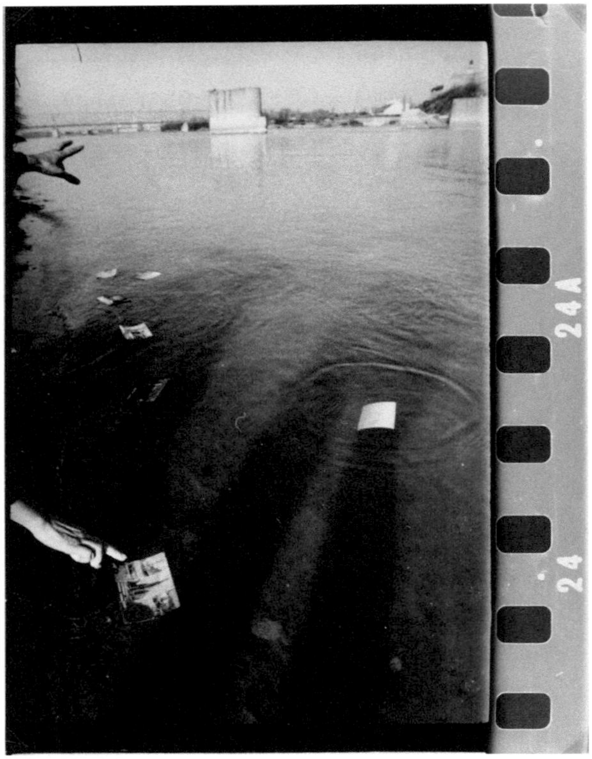

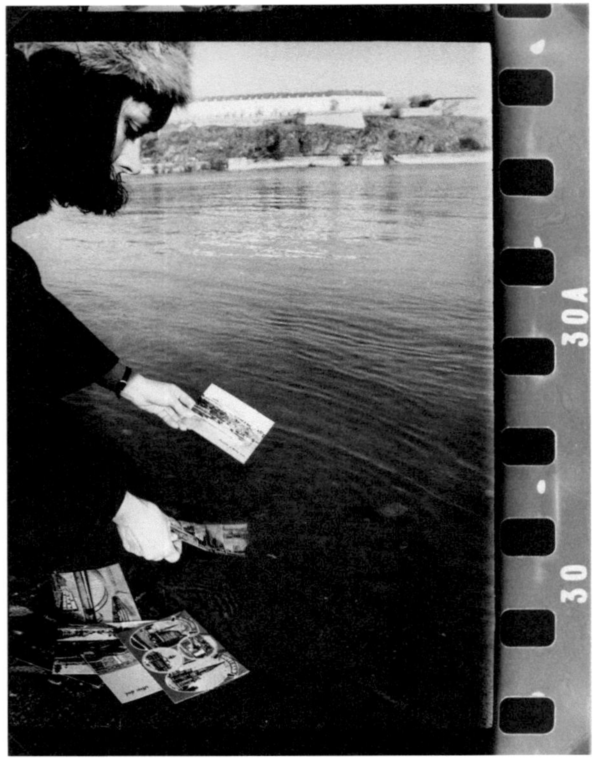

26. kat. sz.

Ladik Katalin (1942)
Újvidék leeresztése a Dunán (1–2.)

1973
Vintage fotónagyítás

Cat. no. 26

Katalin Ladik (1942)
Float Novi Sad Down the Danube (1–2)

1973
Vintage photo print

Az újvidéki születésű művész elsősorban költőnek tartja magát, a költészet határait akarja kitágítani művészeti praxisával, melynek részét képezi a performance, a színészet, a hangköltészet, valamint a képzőművészeti alkotás is. 1973-tól tagja volt a jugoszláv Bosch+Bosch csoportnak, aktív kapcsolatot ápolt a magyar neoavantgárddal, bekapcsolódott a mail art mozgalomba, szerepelt a Velencei Biennálén és a kasseli Documentán is.

Az *Újvidék leeresztése a Dunán* egyike a két, Újvidéken megvalósult akciójának. Az akció leírása jellemzően egyszerű megfogalmazásban:

> Újvidék leeresztése a Dunán
> Dobj néhány Újvidéket ábrázoló képeslapot Újvidéken a Dunába. Később derítsd ki, hol mosta ki a víz a partra a képeslapokat.

A dokumentáción ezt a történést láthatjuk. Ladik a szülővárosától való eltávolodásának megfogalmazását látja az akcióban, ami egyúttal kevés politikai hangvételű alkotása közé sorolható. A mű értelmezhető továbbá a land art keretrendszerében is: Ladik a Duna áramlatainak kiszámíthatatlanságára bízza a képeslapjait, így nagy szerephez jut a véletlen.

Born in Novi Sad, Serbia, Ladik regards herself primarily as a poet, although her aim is to expand the boundaries of poetry through her artistic practice, which incorporates performance, drama, sound poetry, and fine art. From 1973, she was a member of the Yugoslav Bosch+Bosch group, was actively engaged with the Hungarian neo-avantgarde, and participated in the mail art movement, while her work has been featured at both the Venice Biennale and the Kassel Documenta.

Float Novi Sad Down the Danube is one of two actions performed in Novi Sad. Her instructions for the action are written in characteristically simple language:

> Float Novi Sad Down the Danube
> Throw some postcards of Novi Sad, from Novi Sad into the Danube. Find out later where the river threw them out.

The photographs document the performance of this script. For Ladik, the action is an expression of her distancing from her native city, placing it among her few politically charged works. It can be further interpreted in the context of land art: Ladik entrusts her postcards to the unpredictable currents of the Danube, thus assigning a huge role to the element of chance.

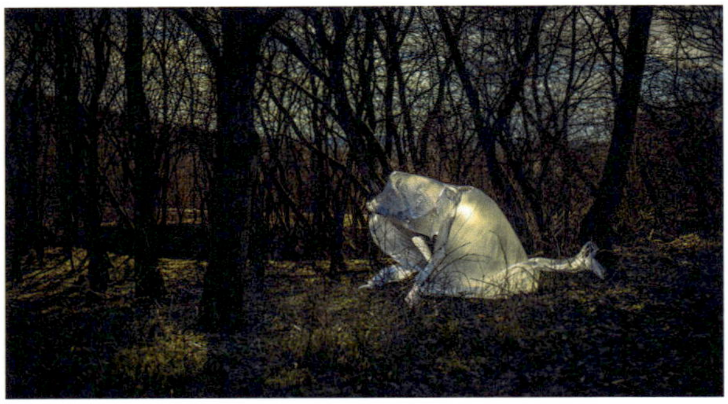

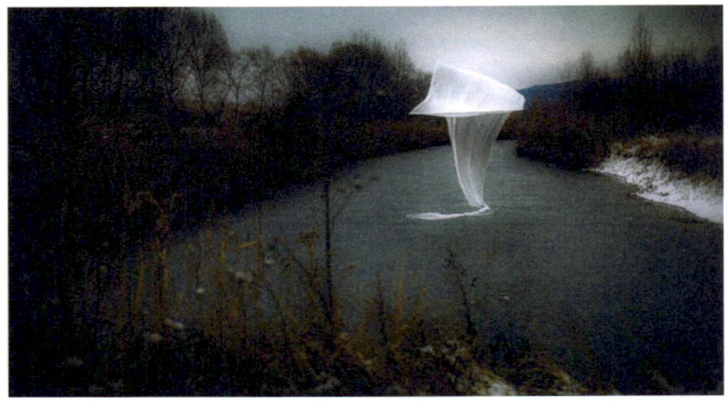

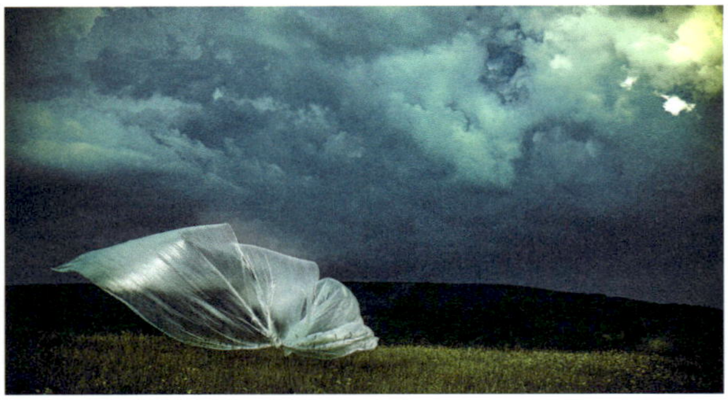

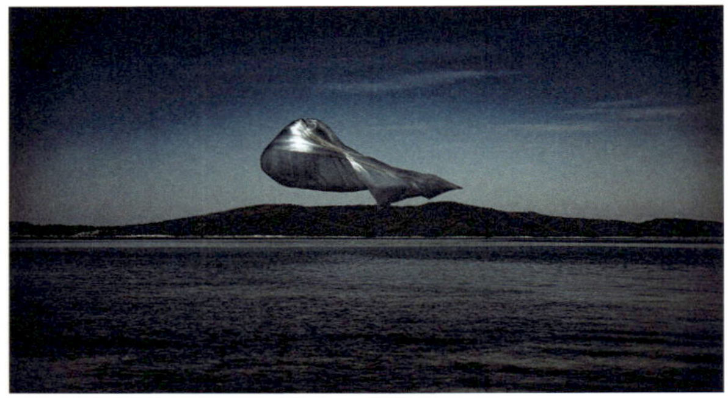

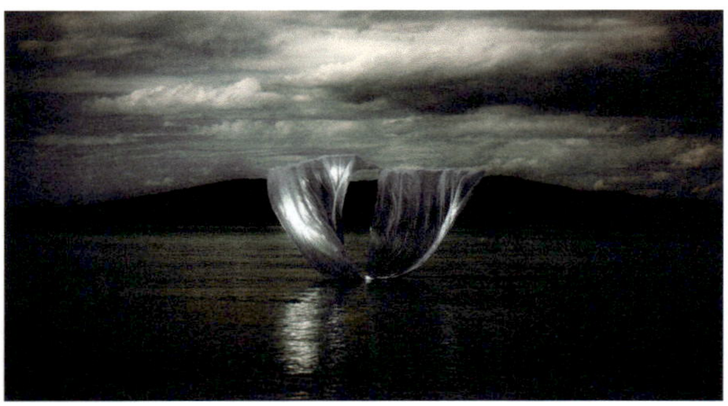

27. kat. sz.

Koronczi Endre (1968)
AdultusSpiritus – OpenAir installációk a Ploubuter Parkban

2018–2024
Full HD video loop (1920 × 1080)

Cat. no. 27

Endre Koronczi (1968)
AdultusSpiritus – OpenAir installations at Ploubuter Park

2018–2024
Full HD video loop (1920 × 1080)

Koronczi munkásságának kezdetén tárgyak egymásra hatásával foglalkozott, amit fotókon, installációkban és festményeken vizsgált. Műveiben az elmúlt több mint tíz évben a szelet mint a természetre és az emberre folyamatosan ható erőt kutatta, kultúrtörténeti és esztétikai aspektusait jelenítette meg. Munkái, bár nem kapcsolódtak sem a land art, sem az ökológiával foglalkozó művészet irányzataihoz, egy olyan, nehezen megragadható és megjeleníthető világot tettek érzékelhetővé, amely számára kihívást és új területek felfedezését jelentette. Ehhez kezdetben a kereskedelemben használt nejlonzacskókat, majd fóliákat használt, amelyek ipari anyagokként éles kontrasztot mutatnak a táji környezettel, és utalnak arra, hogy ez a lassan lebomló anyag ellepi a természetes környezetet, óriási károkat okozva a szárazföldi és vízi élővilágban.

Projektjének a *Ploubuter park* nevet adta, amely egy olyan tudományos megfigyelési folyamatra utal, amely új fajok és viselkedésük leírását tekinti tárgyának. Koronczi szerint a városokban „elszabaduló" zacskók és nejlonfóliák úgy mozognak a légmozgás hatására, mintha élő organizmusok lennének saját viselkedéssel, mozgással és karakterjegyekkel. A kiállításra kiválasztott videó is ebből a sorozatból való: egy fólia levegőben való mozgását esztétikai látványként mutatja be, kiragadva abból a jelentésmezőből, amelyben a néző negatív, szennyező anyagként azonosítja. A fólia repte festői világot tár fel, mozgása és átalakulása mintha egy olyan fantáziavilágot érzékeltetne, amelyben azt az ellentmondást elfelejthetnénk, hogy az ipari termék idegen eleme a tájnak, olyan „vendég", amelynek eltűnésével állítható csak helyre a természetes élőhelyek működése és rendje.

Initially, Koronczi's work focused on the mutual impact of objects, which he examined through photographs, installations, and paintings. For over a decade, he has been studying wind as a force that acts continuously on nature and human beings, representing its cultural, historical and aesthetic aspects in his work. Although not associated with land art or ecological art trends, his work renders perceptible a world that is difficult to capture and convey – something that he regards as a challenge and a chance to discover new fields. He initially used plastic carrier bags, then plastic wrapping, industrial materials that offer a striking contrast to the surrounding landscape and reflect the way in which the natural environment is being flooded with a material that, slow to degrade, causes enormous damage to terrestrial and aquatic ecosystems.

The project was given the name *Ploubuter Park*, referring to a process of scientific observation aimed at the description of new species and their behaviour. According to Koronczi, the carrier bags and plastic wrapping that are found "at large" in our cities move on currents of air like living organisms with their own behaviours, movements, and characteristics. The video chosen for the exhibition belongs to this same series: it shows the movement of plastic wrapping in the air as an aesthetic spectacle, lifting it out of the semantic context in which it is identified as negative and polluting. In flight, the plastic wrapping becomes something artistic, its motion and transformation conveying a fantasy world in which there is no longer a contradiction, where industrial products are no longer alien to the landscape, unwanted "guests" that we must get rid of in the interests of restoring the orderly functioning of natural habitats.

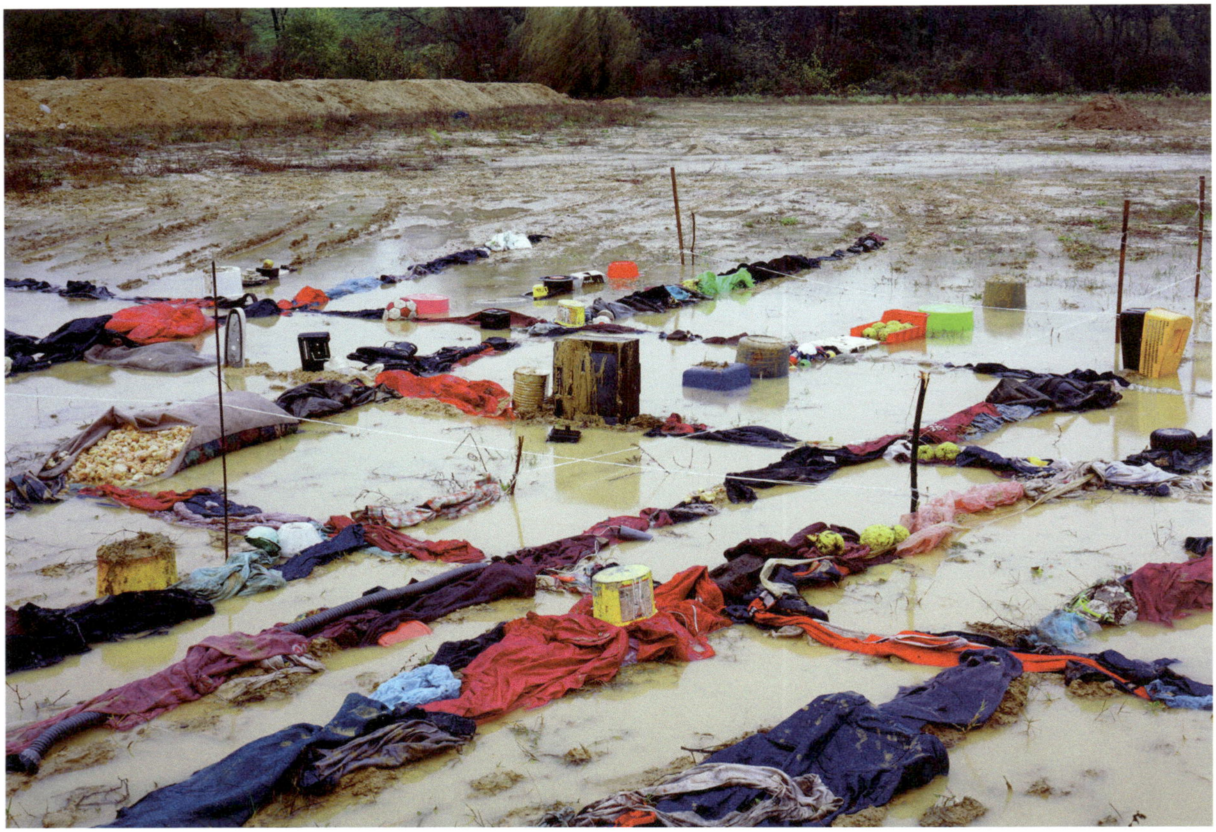

28. kat. sz.

Gyenis Tibor (1970)
Terület

2004
Lambda print, fa

Cat. no. 28

Tibor Gyenis (1970)
Area

2004
Lambda print on wood

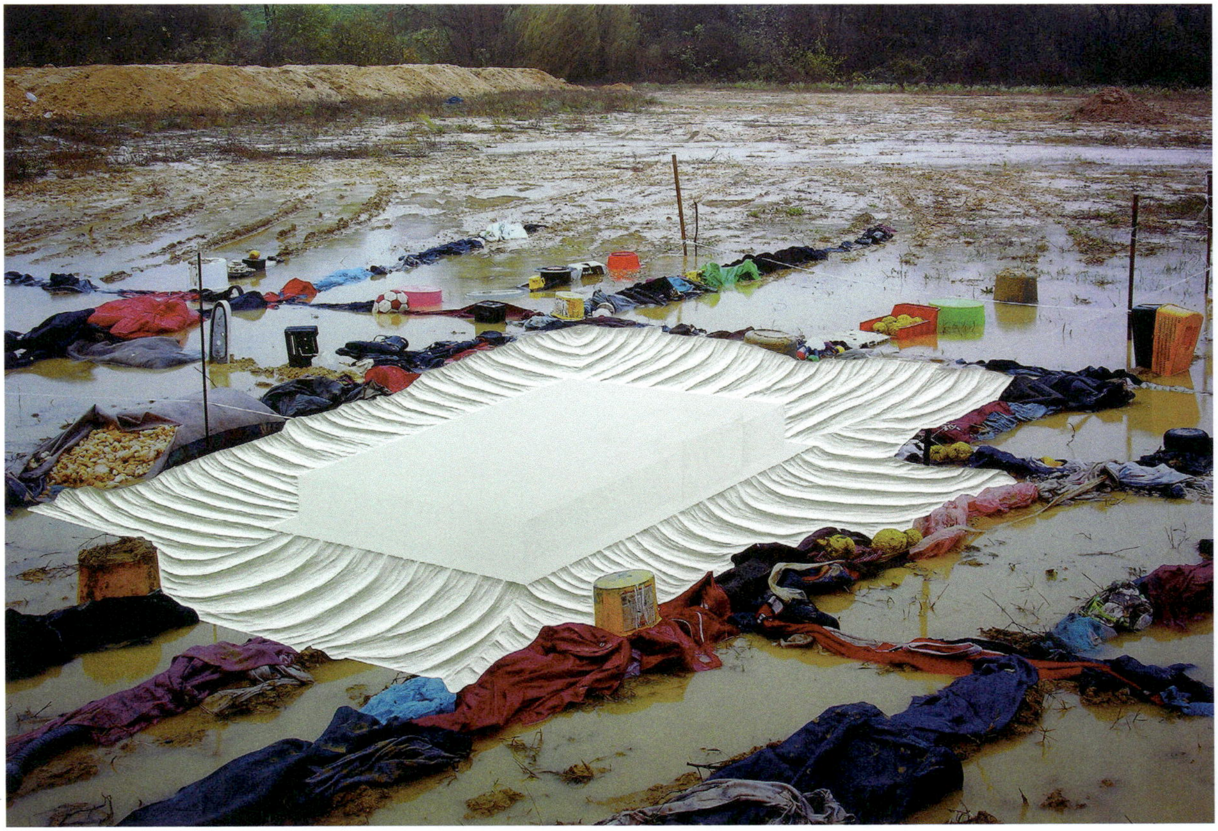

29. kat. sz.

Gyenis Tibor (1970)
Állam

2004
Faragott lambda nyomat
és pigment fafelületen

Cat. no. 29

Tibor Gyenis (1970)
State

2004
Carved lambda print and pigment on wood

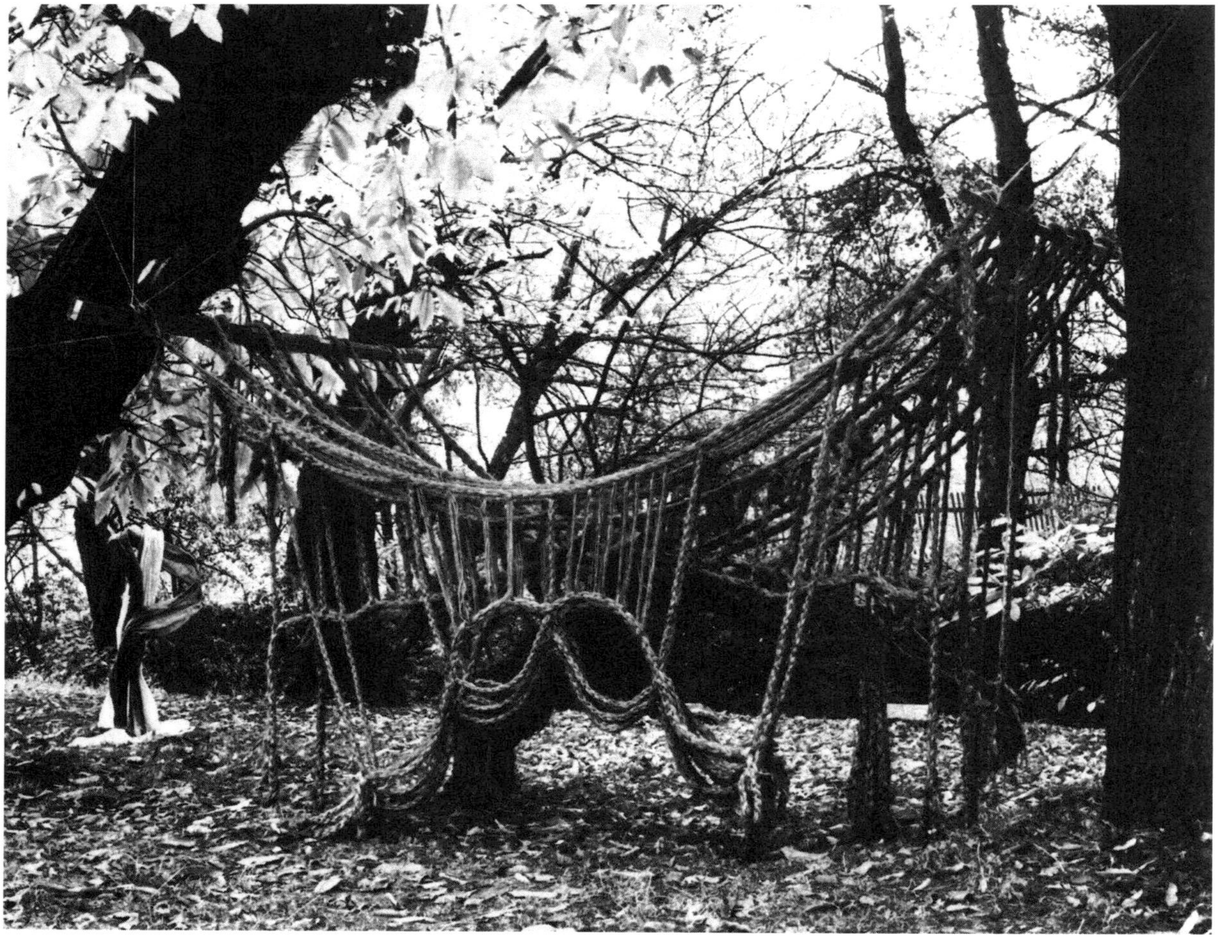

30. kat. sz.

Gecser Lujza (1943–1988)
Híd

1975
Szövött, kötözött szizál
Reprodukció

Cat. no. 30

Gecser Lujza (1943–1988)
Bridge

1975
Woven, corded sisal
Reproduction

A textilművészet korábbi jellemzően alkalmazott művészeti jellegébe fordulatott hozott az 1960-as évek végén induló, a szakág kereteit és feladatait újragondoló művészgeneráció. Ebben kulcsszerepet játszott az 1975-ben létrehozott Velemi Textilművészeti Alkotóműhely, mely alapszabályában rögzítette a kísérletezést.

> A falu természeti környezete meghatározóvá vált a munkában. A műveket gyakran a kertben vagy a közeli erdőben installálták, de előfordult az is, hogy a természet mint a mű médiuma, vagy a művet alakító tényező jelent meg. Ez a látásmód szerepet kapott a Velemhez kötődő alkotóknál mind a művésztelepen, mind azon kívül készült munkáikban.

Gecser Lujza natúr szizálkötelekből csomózott *Híd* (1975) című munkájában az indákat vagy függőhidat idéző forma plusz jelentésréteget kapott azáltal, hogy többször a természetben került bemutatásra. Lovas Ilona *Vonal* (1976) című, damilból és üvegszálból szőtt munkáját sziklafalra installálta. A szikla rétegzett textúrája kölcsönhatásba került a hasonló mintázatú de kontrasztot állító anyaggal. Bajkó Anikó velemi munkáiban elejétől fogva jelen volt az anyag természeti jelenségekkel, így a fényel, köddel, vízzel vagy tűzzel való kölcsönhatásának megfigyelése. A mohácsi „textiltemetőbe ” tett látogatás során Bajkó archeológiai módszerekkel térképezte fel textilhulladékok tárolására használt területet. Az emberi kultúra eldobott, a természeti hatások által roncsolt, pusztulásra ítélt lenyomatait összegyűjtötte, boncolta, elemezte és tovább roncsolta. Ebben a dekonstrukciós gesztusban egyszerre van jelen a műfajra és az ember-természet való viszonyára történő reflexió.

The former status of textile art as applied art changed with the generation of artists who emerged in the late 1960s, and who rethought the scope and goals of the genre. The Velem Textile Art Workshop established in 1975, where experimentation was enshrined in the constitution, played a key role in this shift.

> The natural surroundings of the village of Velem played an important role in the working process. Works were often installed in the garden or the nearby woods, while some even used nature as a medium or determining component. This attitude was adopted by artists associated with Velem, in works produced both during their time at the workshop and outside it.

Lujza Gecser's work *Bridge* (1975), in which she used knotted raw sisal rope to achieve shapes reminiscent of lianas or a suspension bridge, acquired an additional layer of meaning when shown, on several occasions, in a natural setting. Ilona Lovas installed her 1976 work *Line*, woven from nylon thread and fibre glass, on a cliff face. The stratified texture of the rock interacted with the layers of contrasting yet similarly patterned artificial material. From the outset, the works produced in Velem by Anikó Bajkó incorporate observation of the interaction between material and natural phenomena, including light, mist, water, or fire. During a visit to the Mohács "textile cemetery", a dump for fabric waste, Bajkó charted the site using archaeological methods, gathering, dissecting, analysing, and further mutilating the discarded traces of human culture, damaged by the forces of nature and destined for destruction. This gesture of deconstruction contains a reflection both on the genre and on the relationship between human beings and nature.

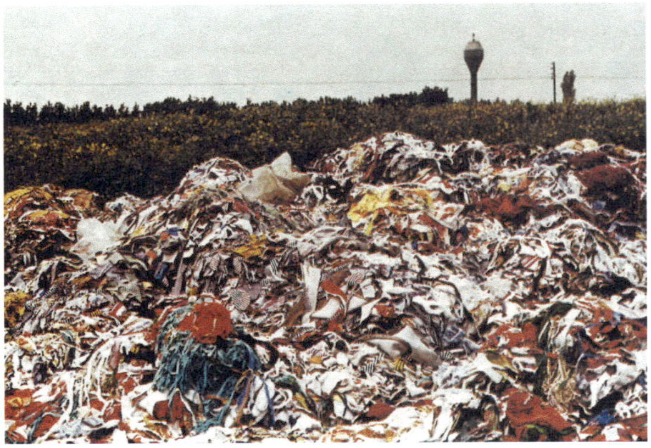
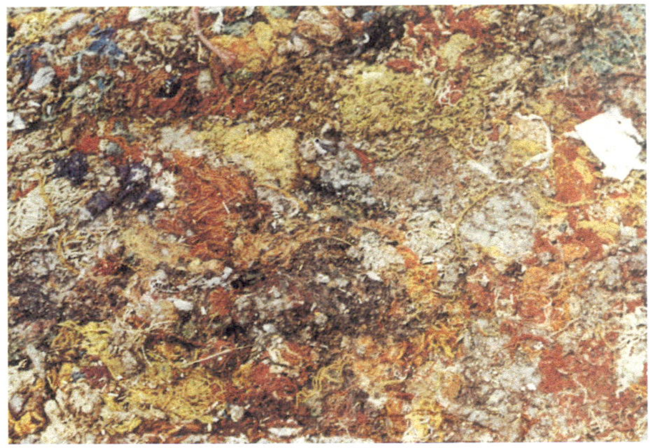
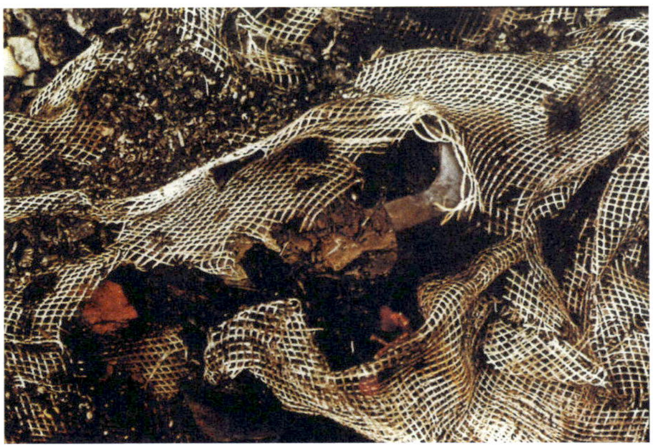
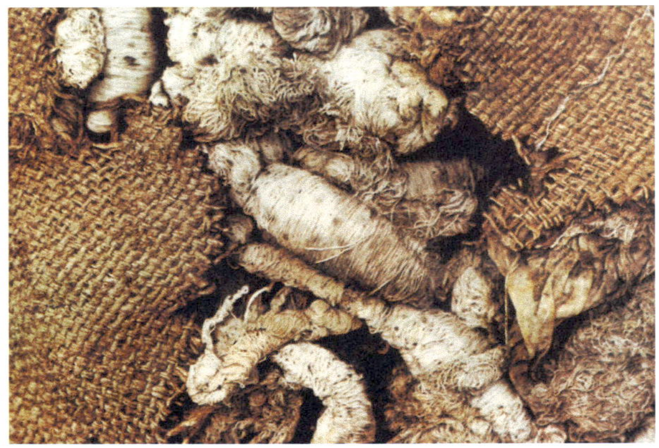

31. kat. sz.

Bajkó Anikó (1947)
Fotó: Halász Károly (1946–2016)
Mohácsi textiltemető

1978
Színes dia
Reprodukció

Cat. no. 31

Anikó Bajkó (1947)
Fotó: Photo by Károly Halász (1946–2016)
Textile Cemetery in Mohács

1978
Colour slide
Reproduction

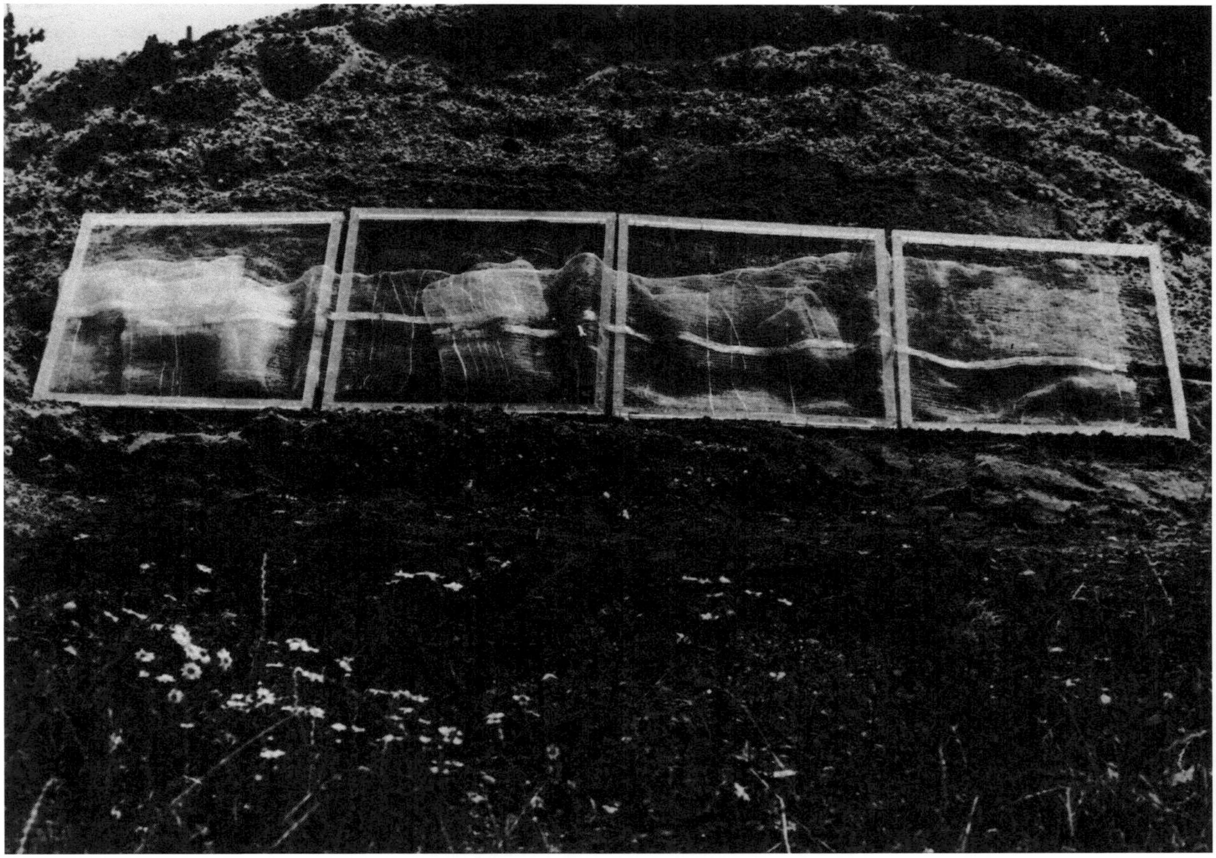

32. kat. sz.

Lovas Ilona (1946–1921)
Vonal

1976
Szövött damil, üvegszál
Reprodukció

Cat. no. 32

Ilona Lovas (1946–1921)
Line

1976
Woven fishing line, fibreglass
Reproduction

5. szekció

Kiűzetés előtt, kiűzetés után

A természet és a kultúra fogalmainak éles szétválasztása, ellentétpárként való értelmezése évszázadok óta meghatározza a nyugati gondolkodást. A bizonyos értelemben már a civilizáció kezdetei óta meglévő különbségtétel a felvilágosodással szilárdult meg. A kor gondolkodói az emberi értelmet a természet fölé helyezték. Ezzel párhuzamosan a természetközeli, a természettel harmóniában lévő élet képzetei is megjelentek, gondoljunk csak az antik eredetű, de a reneszánsz idején és a 19. században a művészeti gondolkodásban újra felmerülő Árkádia toposzára, vagy a bibliai Édenkert ábrázolásaira, még ha ez utóbbinál nem is beszélhetünk a természet és kultúra ellentétének maradéktalan feloldásáról.

A szekció művei különböző módon kérdőjelezik meg a kultúra és a természet szétválasztását, vagy kísérlik meg a kettősség lebontását. Többször felbukkan például a természetbe visszahelyezett ember víziója. Ezeken a képeken a szereplők emberi tulajdonságaikat megőrizve, de jellemzően ruhátlanul jelennek meg, jelezve a modern ember életmódjától való elszakadást. Tetten érhető itt az az attitűd, ami azokban a 19. századi iparosodás korában induló, majd az 1960–1970-es években új erőre kapó mozgalmakban jelent meg, amelyek kisebb-nagyobb mértékben a programjukká tették a természettel való együttélés vagy a természetben való élet valamilyen aspektusának alkalmazását. Ezek az elméletek a kisebb életmódváltásoktól (például a túrázás kultúrájának kialakulása a romantika idején) és olyan, jellemzően csak az élet egyes részterületeire kiható irányzatoktól, mint a vegetarianizmus vagy a naturizmus, egészen a természetbe való tényleges kivonulást hirdető eszmékig terjedtek, egyre inkább a fennálló világrend ellenében – és az attól való elszakadáson keresztül – értelmeződtek.

Míg az előbbi esetben felfedezhető egy utópisztikus, a jövőt alakíthatóként felfogó hozzáállás, jellemzőbb, hogy a kiállító alkotók az ideált a jelen civilizációjának keretein kívül találják meg. Olyan régmúlt korokra vonatkozó utalásokkal találkozunk, melyekben a természet egységét megbontó ember még vagy nem létezett, vagy a természettel összhangban élt.

Néhány munkában a hierarchizált emberi létmódtól eltérő életforma elevenedik meg, ahol egy elképzelt, fejlett, de nem emberi tudat a természet részeként, azt nem elnyomó módon jelenik meg.

Bár a kiállításon bemutatott korábbi évtizedekben készült munkákban a harmonikus együttélés ábrázolásain keresztül megjelent az utópisztikus attitűd, a kiállított kortárs munkák víziója jellemzően kevésbé reményteli. Világukban, amely egyszerre idézheti a múltat és egy potenciális jövőt, az ember hibrid, állati viselkedésjegyekkel és tulajdonságokkal bíró lényként jelenik meg. Ez hol az állati magatartások tudatos elsajátításaként, hol inkább evolúciós következményként tűnik fel, de mindkettő azt sugallja, hogy a természettől elszakadt – és azt uralni igyekvő – embernek nincs helye a jövőben. Egy optimistább értelmezés szerint az emberi jövő megteremtése a természet egyéb ágenseitől, így az állat- és növényvilágtól való tanulás révén képzelhető el.

Section 5

Before and After the Expulsion

The sharp distinction between the concepts of nature and culture, and their interpretation as opposites, have defined Western thinking for centuries. This dichotomy, which has existed in some sense since the beginnings of civilisation, was consolidated by Enlightenment thinkers, who valued human intellect above nature. Notions of life lived in proximity to, and in harmony with, nature appeared in parallel – one need think no further than the topos of Arcadia, which originated in antiquity but reemerged during the Renaissance and in nineteenth-century artistic thought; or depictions of the biblical Garden of Eden, even if, in the latter case, the dichotomy between nature and culture cannot be said to have been dissolved entirely.

Through various approaches, the works in this section question the separation of culture and nature, or attempt to erase the duality. In several instances, one finds a vision of humanity restored to its place in nature, for example. The figures in these images, while retaining their human attributes, are typically shown naked, suggesting their removal from modern life. Such works convey the attitude that emerged in certain movements – initiated during the nineteenth-century era of industrialisation and given fresh impetus in the 1960s and 1970s – which, to a greater or lesser extent, took as their programme some aspect of coexistence with nature or of life lived within nature. These ranged from minor lifestyle changes (the emergence of hiking culture in the romantic era, for example) and trends that typically affected only narrower aspects of life, such as vegetarianism or naturism, all the way to calls for actual withdrawal into nature, and they were increasingly defined in opposition to the existing world order – and by means of separation from it. While, in the former case, one finds the utopian belief that the future can be fashioned by humanity, the artists exhibited here more typically locate the ideal outside the borders of present-day civilisation. We find references to ages long past, when human beings, destroyers of unity with nature, were either not yet in existence or were living in symbiosis with nature. Some works depict a lifestyle that differs from hierarchical human existence, where an imaginary, highly developed, but non-human consciousness appears as part of nature, without oppressing it.

Although works in the exhibition dating from earlier decades convey a utopian attitude through their depictions of harmonious coexistence, the vision discernible in the contemporary exhibited works is typically less optimistic. In their world, which may allude both to the past and to a potential future, human beings are portrayed as creatures with hybrid, animalistic behavioural traits and attributes. This may take the form of the conscious adoption of animal behaviours, or appear as a consequence of evolution, although both suggest that there is no place in the future for a humanity that is divided from, and striving to control, nature. In a more optimistic reading, the creation of a future for humankind can be envisaged by learning from the other natural agents in the animal and plant world.

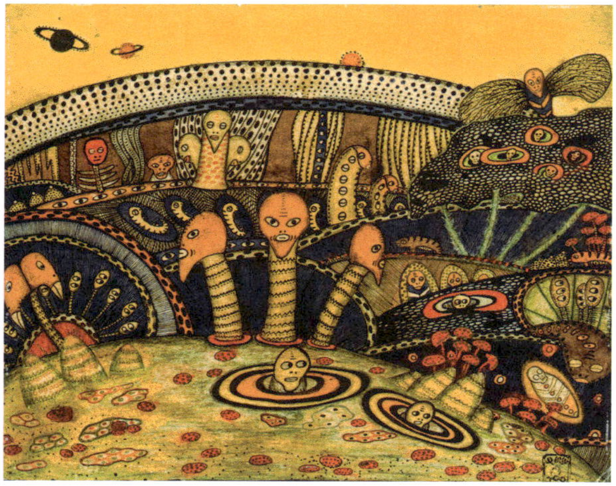

33. kat. sz.

Mokry Mészáros Dezső (1881–1970)
Élet idegen planétán

é. n.
Olaj, karton

Cat. no. 33

Dezső Mokry Mészáros (1881–1970)
Life on Another Planet

n. d.
Oil on cardboard

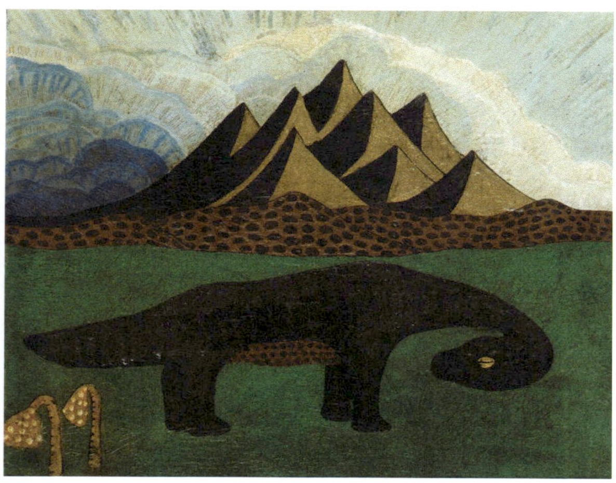

34. kat. sz.

Mokry Mészáros Dezső (1881–1970)
Ősvilág

1926
Olaj, karton

Cat. no. 34

Dezső Mokry Mészáros (1881–1970)
Prehistoric World

1926
Oil on cardboard

Mokry Mészáros Dezső a magyaróvári Gazdasági Akadémián végezte tanulmányait, ahol nagy hatással volt rá biológus oktatója, Raoul Francé. Mikroszkopikus megfigyeléseket végeztek, Mokry ezek hatására kezdte meg képzőművészeti tevékenységét. A „mikrokozmosz" mellett foglalkoztatta a csillagászat, a néprajz, az őslénytan, később a különböző egzotikus írások – a rovásírás vagy a japán írásmódok – hatottak képzőművészeti munkáira. Több utazást tett Tunéziától Törökországon át Ceylonig, ahol lenyűgözték a nem keresztény hitvilágok (például a buddhizmus), ezért a Teozófiai Társaság tagja lett. Festményein szürreális rajzolatokkal töltötte ki a képfelületet, amelyek általa elképzelt lényeket és kitalált organikus mintákat ábrázoltak.

A kiállításon bemutatott két képe Capri szigetén készült, ahol 1908-ban tartózkodott és ahol barátságot kötött Makszim Gorkijjal. Ebben a korszakban leginkább az őstörténet, a civilizáció előtti állat- és növényvilág, valamint a megismerhetetlen, emberi civilizáción kívüli, idegen bolygókon található élet foglalkoztatta, amiről Rózsa Miklósnak írt levelében így fogalmazott: „Közelebb jutottam az én saját kettős világomhoz, az ismeretlen – mert rég letűnt – ősmúlthoz, és a még ismeretlenebb – mert csak fantáziával megközelíthető – csillagvilághoz." Kívülálló művész volt, aki a kor művészeti irányzatait látta, de azokhoz csatlakozni nem akart. Fantáziavilágában az ember jelenlétén kívüli élet fontos szerepet játszott, ami műveiben visszaköszönt akár az említett témákban, akár a sejtek világának felfedezésében. A népművészetben és az ősi kultúrákban a szabad, kreatív alkotás és a kötetlen ábrázolás lehetősége ragadta meg, aminek köszönhetően egyedi, a magyar művészet történetében jelentős műveket alkotott.

Dezső Mokry Mészáros studied at the Magyaróvár Agricultural Academy, where he was strongly influenced by his biology teacher, Raoul Francé. Inspired by the microscopic observations they carried out, Mokry began working as a fine artist. He was fascinated not only by the "microcosm" but also by astronomy, ethnology, and palaeontology, while various exotic scripts – runic and Japanese characters – would have an impact on his later art. He travelled to Tunisia, Turkey, and Sri Lanka (then known as Ceylon), where he developed a fascination with non-Christian beliefs (including Buddhism) that led to him joining the Theosophical Society. In his paintings the image space is filled with surreal motifs representing imaginary creatures and invented organic patterns.

The two works in the exhibition were painted on the island of Capri, where he lived for a time in 1908 and where he became a friend of Maxim Gorky. During this period, he was particularly intrigued by prehistory, pre-civilisation flora and fauna, and unknowable life on alien planets beyond human civilisation, as he explained in a letter to Miklós Rózsa: "I've come closer to my own dual world, to the ancient past, unknown because long gone, and to the world of the stars, even more unknown, being accessible only through the imagination." As an artist, he was an outsider who observed contemporary trends but had no wish to join them. Extra-human life played an important role in his fantasy world, appearing in his works either through the themes already mentioned, or in the exploration of the cellular world. His fascination with the potential for unfettered creativity and free representation in folk art and ancient cultures gave rise to unique works that occupy a significant place in Hungarian art history.

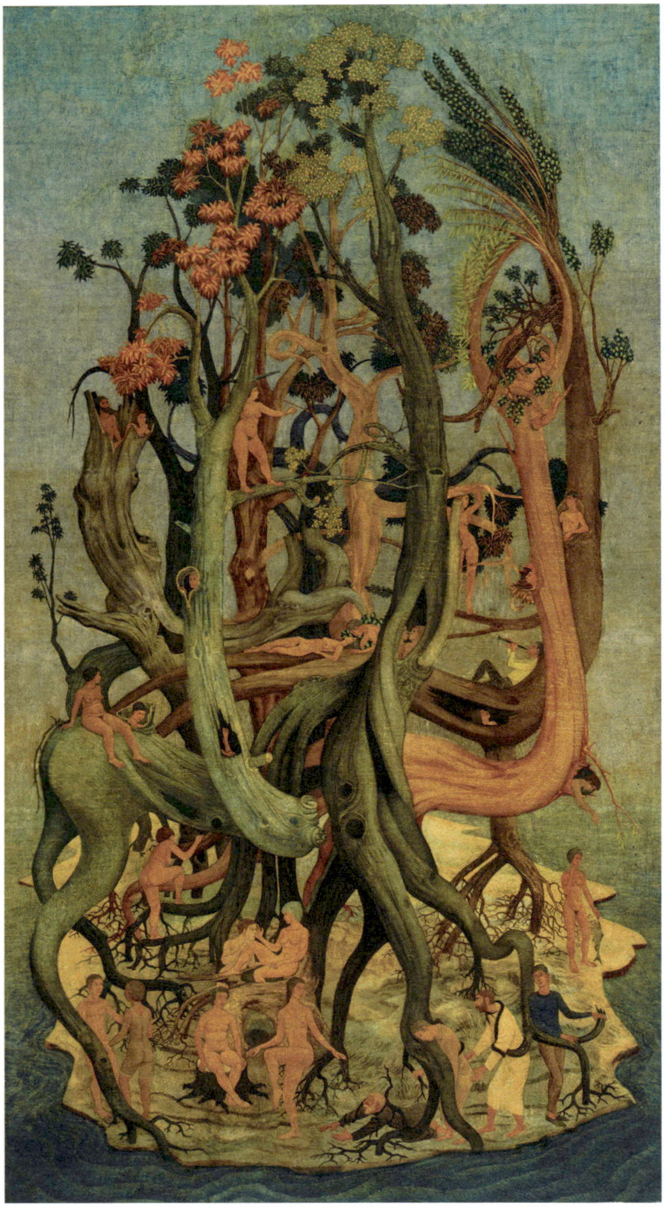

35. kat. sz.

Nyári Lóránt (1928–1982)
Sziget I.

1970
Gesso, fa

Cat. no. 35

Lóránt Nyári (1928–1982)
Island I

1970
Gesso on wood

Nyári Lóránt egyedi stílusú festő és grafikus volt, aki szimbolikus, klasszikus művészeti referenciákat követő képeket alkotott, és ezekkel vált ismertté a hatvanas évek végén. A hatalom történelmi értelmezésével, az ember társadalmi szerepével és párkapcsolataival is többször foglalkozott képein, de a rá jellemző egyéni felfogásmódja a hatvanas évek második felében alakult ki.

Nagy figyelmet keltett 1970-es, Fényes Adolf kiállítótermi bemutatója, amelyről a Magyar Nemzeti Galéria két festményt is vásárolt, a *Divide et Imperá*t és a *Sziget I.*-et. Ez utóbbi, melyet e kiállításon bemutatunk, jól szemlélteti a művészre jellemző aprólékos festésmódot, ahogyan Bruegel, Bosch és más reneszánsz németalföldi festők munkáit idézte gesso-technikával fára alapozott képein. Az emberi közösségekkel, a férfi és női szerepekkel és a szexualitással is foglalkozó munkái között ez a mű egy utópikus, ember és természet viszonyát megfogalmazó vízió. Egy apró szigeten több összefonódó, az életet és az elmúlást egyaránt jelképező fa ad életteret egy emberi közösségnek: a ruhátlan figurák a paradicsomi állapotokra utalnak. A festőelődökhöz hasonlóan az alakok egymáshoz való viszonyában Nyári is különböző kapcsolati lehetőségeket vet fel, amelyek békés együttléte idealizált vízióként értelmezhető. A művész több képet is festett elképzelt világokról, erről a műről a korabeli kritikus, Ecsery Elemér a szocialista társadalom közösségi értelmezését közvetítve így írt: „A boldogság szigetére menekvés nem jelenthet megoldást, mert itt magára marad az ember."

Painter and graphic artist Lóránt Nyári worked in a unique style, making a name for himself in the late 1960s with paintings that borrow references from symbolist and classical art. His paintings often explored the historical definition of power, social roles, and human relationships, although his distinctively individual approach emerged in the second half of the 1960s.

His 1970 exhibition in the Adolf Fényes Gallery attracted enormous attention: the Hungarian National Gallery even purchased two paintings – *Divide et Impera* and *Island I*. The latter, which features in the present exhibition, clearly illustrates the characteristically meticulous technique employed by the artist in his paintings, executed on gesso-primed wood, which evoke the works of Bruegel, Bosch, and other Dutch and Flemish Renaissance masters. This utopian vision, expressing the relationship between human beings and nature, belongs among his works exploring human communities, male and female roles, and sexuality. Several intertwined trees, symbolising both life and mortality, provide a habitat for a human community on a tiny island: the nakedness of the figures alludes to their paradisal state. Like his role models, Nyári suggests various possible relationships among the figures, which can be interpreted as an idealised vision of peaceful coexistence. The artist painted several images of imaginary worlds. Contemporary critic Elemér Ecsery, informed by a socialist definition of community, wrote of this work: "Escape to the island of bliss cannot be a solution, since here too, one is alone."

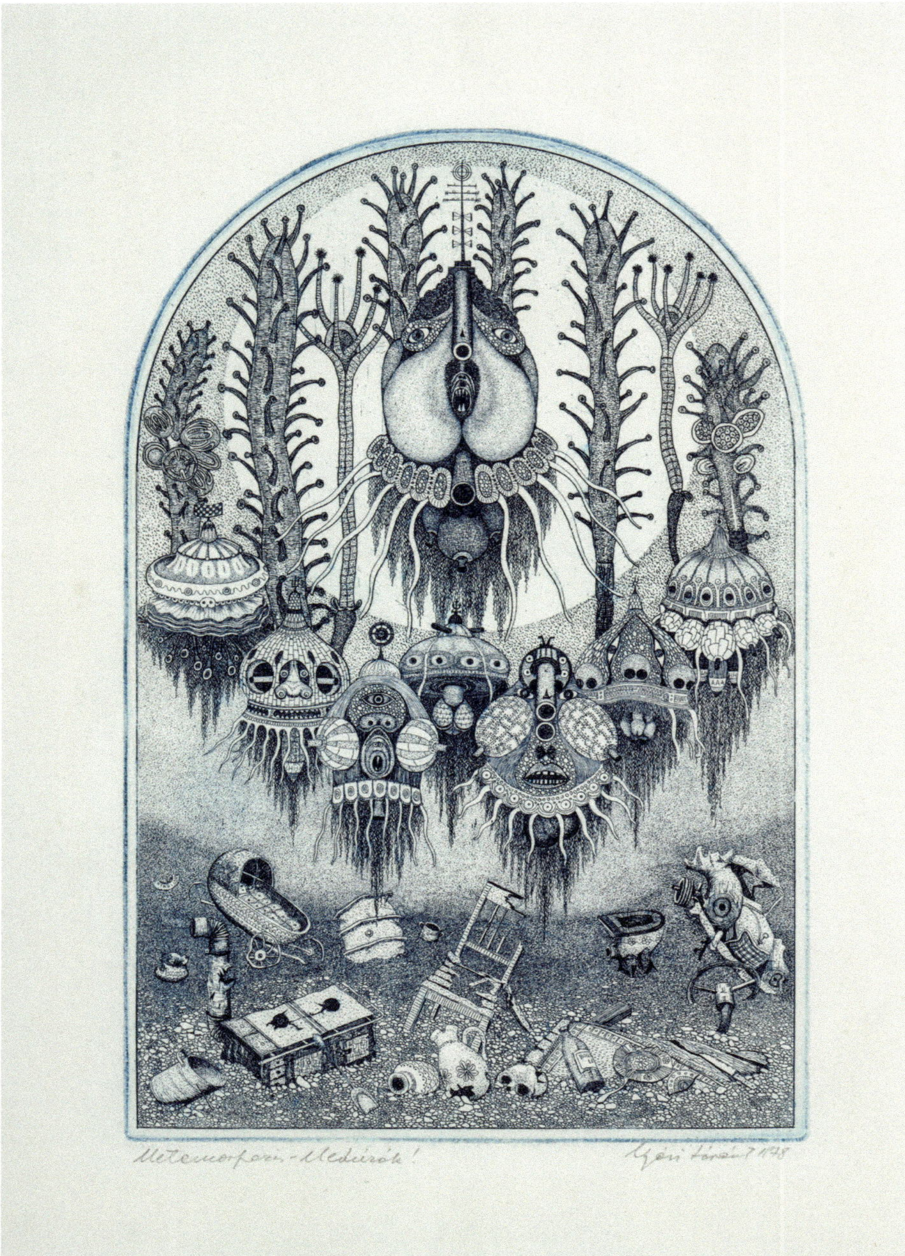

36. kat. sz.

Nyári Lóránt (1928–1982)
Metamorfózis – Medúzák

1978
Szitanyomás, papír

Cat. no. 36

Lóránt Nyári (1928–1982)
Metamorphosis – Medusas

1978
Silk screen print on paper

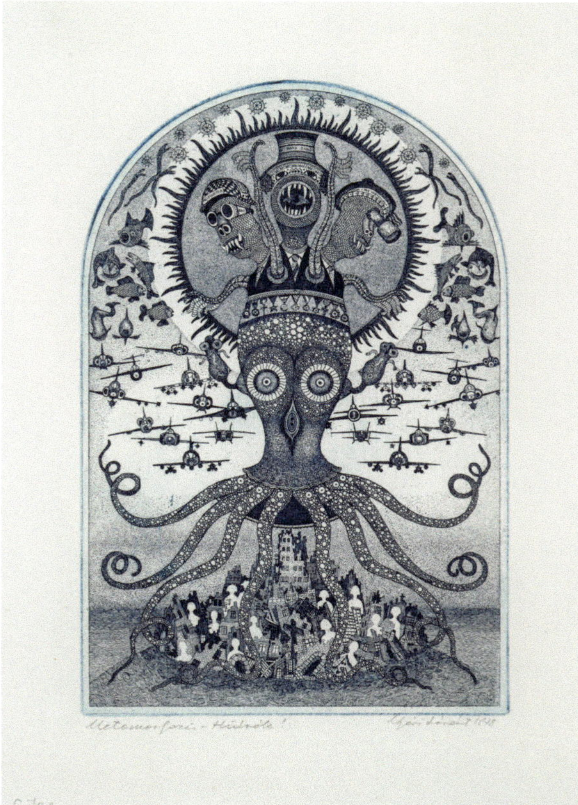

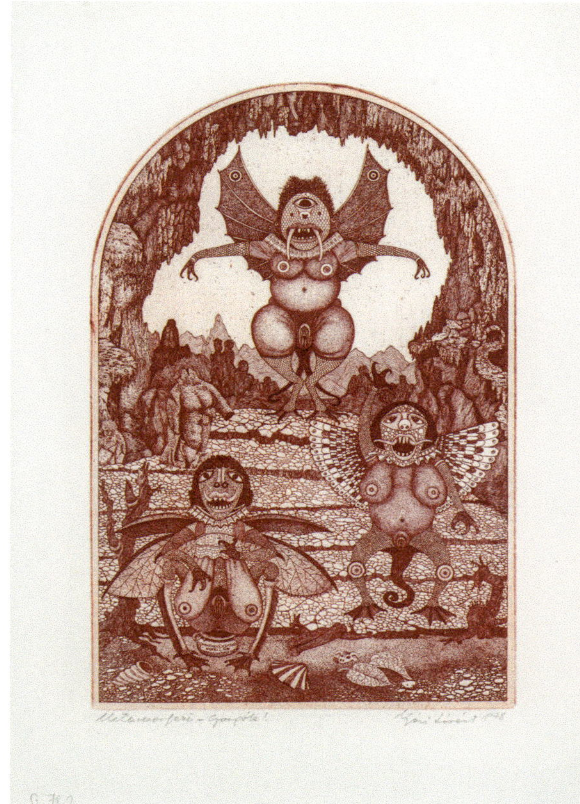

37. kat. sz.

Nyári Lóránt (1928–1982)
Metamorfózis – Hidrák

1978
Szitanyomás, papír

Cat. no. 37

Lóránt Nyári (1928–1982)
Metamorphosis – Hydras

1978
Silk screen print on paper

38. kat. sz.

Nyári Lóránt (1928–1982)
Metamorfózis – Gorgók

1978
Szitanyomás, papír

Cat. no. 38

Lóránt Nyári (1928–1982)
Metamorphosis – Gorgons

1978
Silk screen print on paper

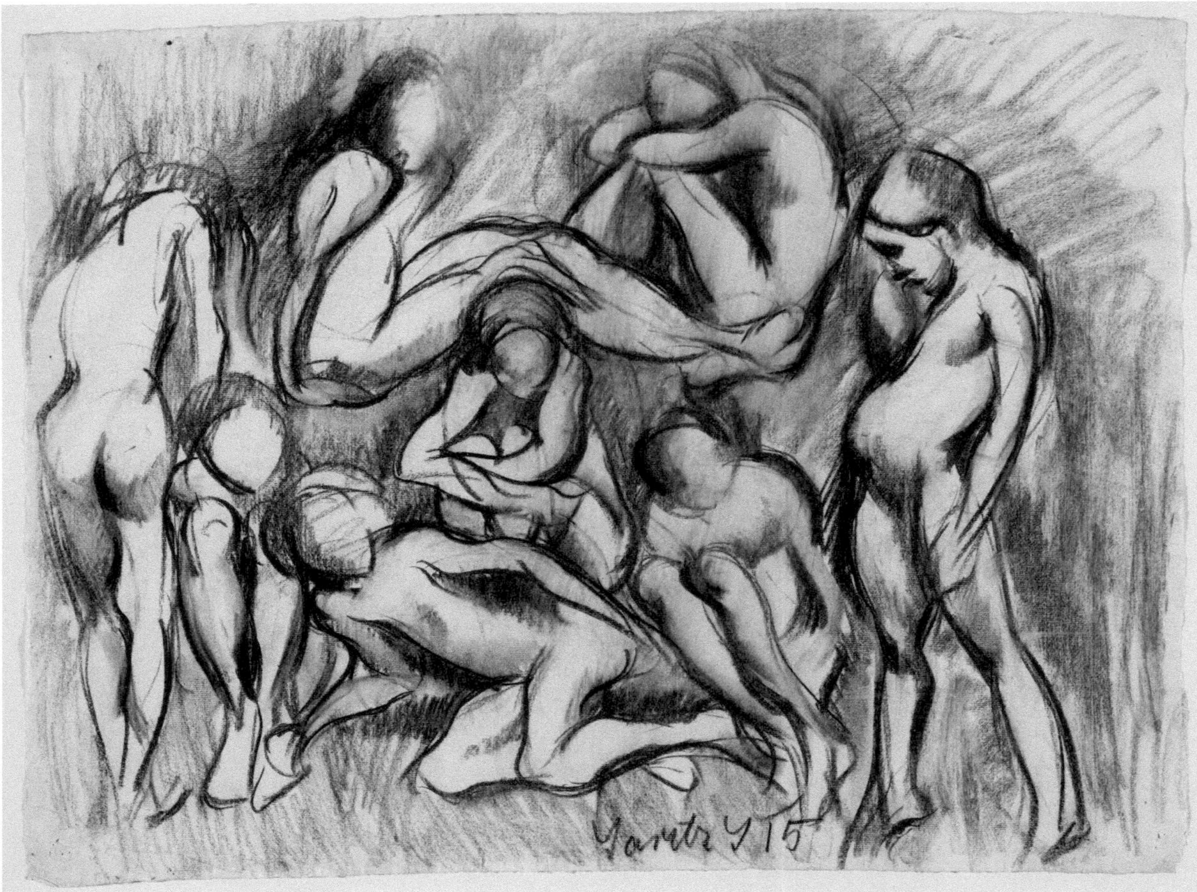

39. kat. sz.

Járitz Józsa (1893–1986)
Kompozíció nyolc akttal

1915
Szén, papír

Cat. no. 39

Józsa Járitz (1893–1986)
Composition with Eight Nudes

1915
Charcoal on paper

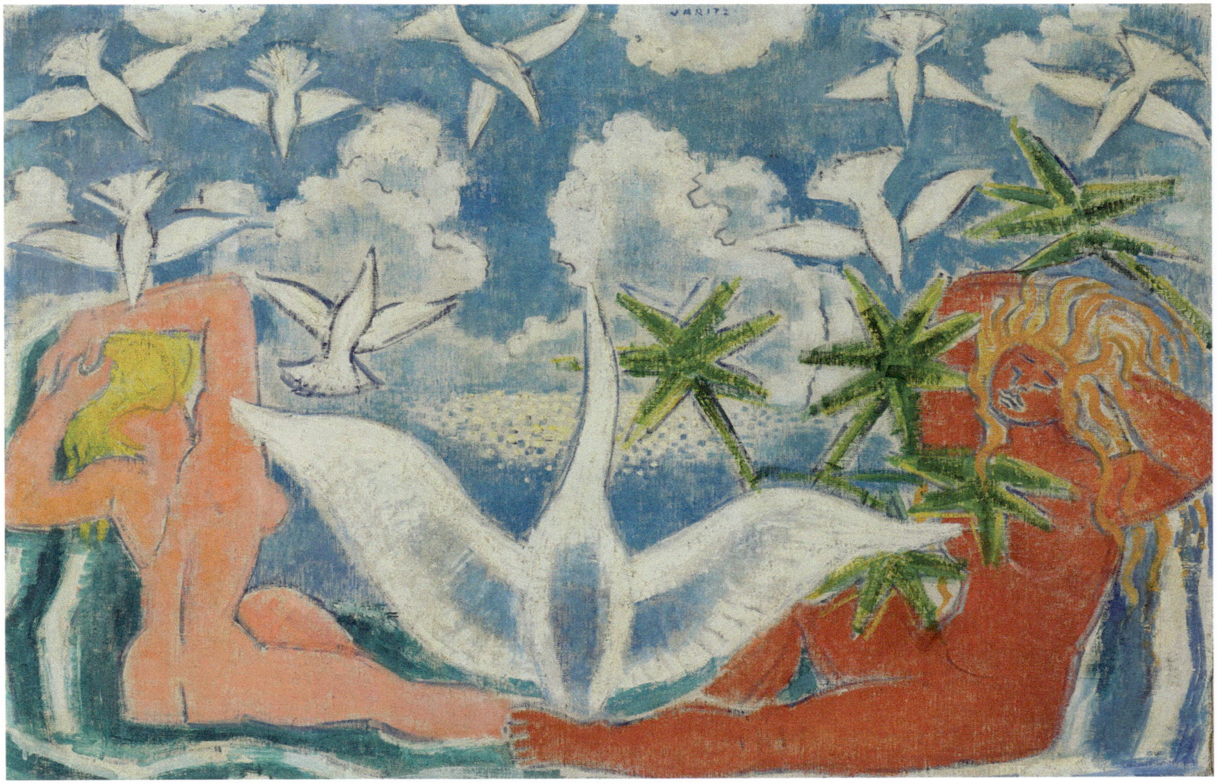

40. kat. sz.

Járitz Józsa (1893–1986)
Tenger

1980–1985
Oil on canvas

Cat. no. 40

Józsa Járitz (1893–1986)
Sea

1980–1985
Oil on canvas

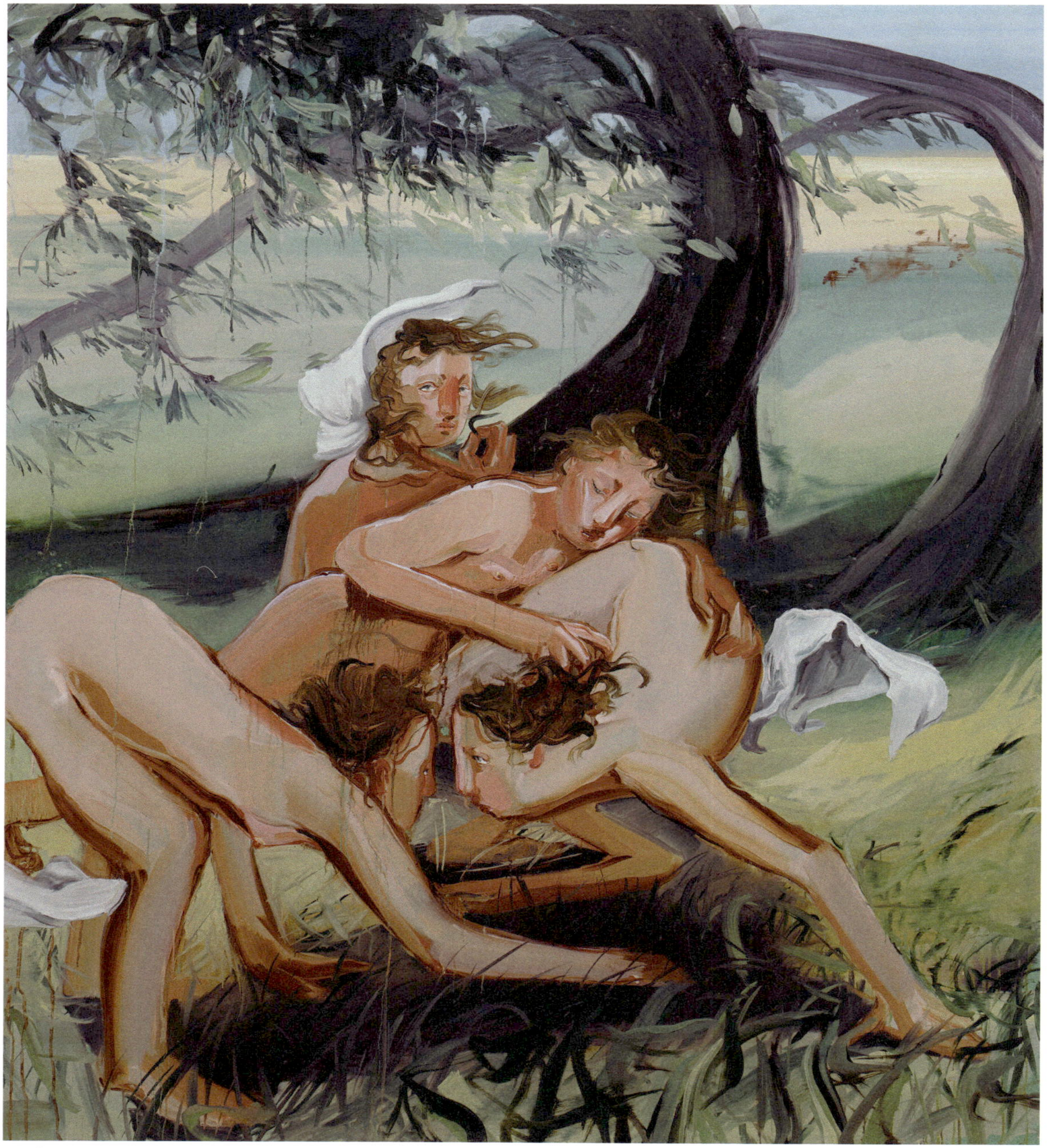

41. kat. sz.

Rózsa Luca Sára (1990)
A zsákmány (Embernyáj)

2022
Olaj, vászon

Cat. no. 41

Luca Sára Rózsa (1990)
The Prey (Human Herd)

2022
Oil on canvas

Rózsa Luca Sára munkáinak jellemző témája az ember és környezete közötti viszony. Biblikus és mitologikus alakokat idéző figuráit gyakran a reneszánsz és barokk festészet hagyományát megidézve ábrázolja természeti környezetben, jellemzően ruhátlanul. Ezzel időtlen, nem egy konkrét korhoz kötődő helyzetet teremt, így általánosságban tud az emberi léttel kapcsolatos kérdéseket feltenni, ugyanakkor kifejezi az alakok kiszolgáltatottságát is, amelyek gyakran kicsavart, természetellenes pózokban és fizikummal jelennek meg, ami erősíti a kényelmetlenség, illetve a környezettel való harmónia hiányának érzetét.

A zsákmány (Embernyáj) című kép négyfős csoportjára egyszerre jellemzők emberi és állati tulajdonságok. Két alak támadásra készülő állatok pózát veszi fel, míg a mellettük lévő figurák emberibb, empatikus és tudatos gesztusokat mutatnak. Az emberi és állati jellemzők ütköztetése ambivalens képzetet kelt. Gondolhatunk a történelem előtti, egyfajta paradicsomi állapotra, de a természettel újraegyesült, vagy attól soha el nem szakadó – az állati tulajdonságokat mindvégig magában hordozó – emberképre is, melyben az állatihoz közelebbi lét pozitív és negatív implikációi is megjelennek.

The relationship between human beings and the environment is a recurring theme in Luca Sára Rózsa's work. Figures reminiscent of biblical and mythological characters are often depicted in a natural environment, typically naked, evoking the renaissance and baroque painting tradition. In this way, she creates timeless settings, not bound to one specific era, which allows her to raise questions about human existence in general and, at the same time, to give expression to human vulnerability. Her figures often appear with contorted physiques and in unnatural poses, reinforcing a sense of unease and the absence of harmony with the environment.

The four figures in the painting *The Prey (Human Herd)* have both human and animal traits. Two assume the stance of animals ready to pounce, while the figures next to them appear more human, empathic, and conscious. The juxtaposition of human and animal attributes engenders a sense of ambivalence. It perhaps calls to mind a kind of prehistorical, prelapsarian state, or an image of humankind reunited with nature, or indeed never separated from it – and thus still endowed with animal traits – in which animalistic existence has both positive and negative implications.

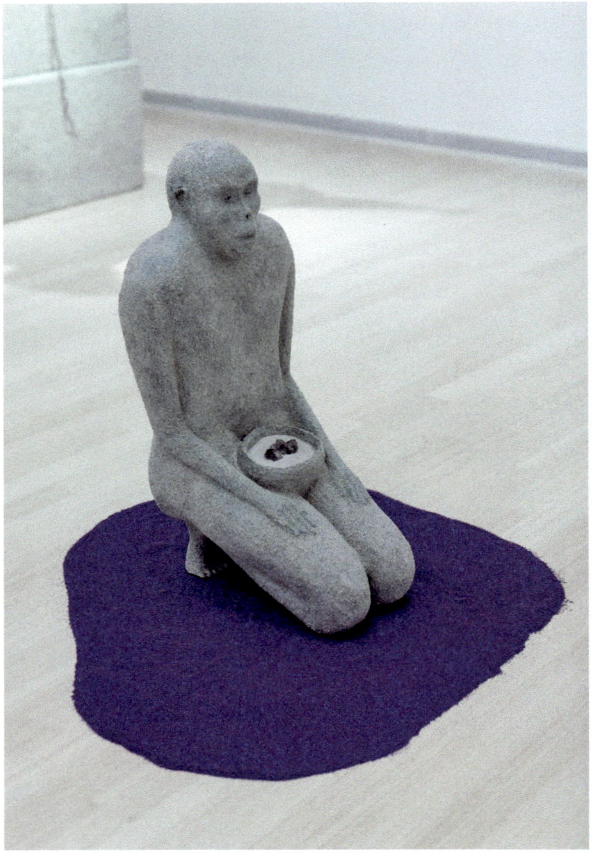

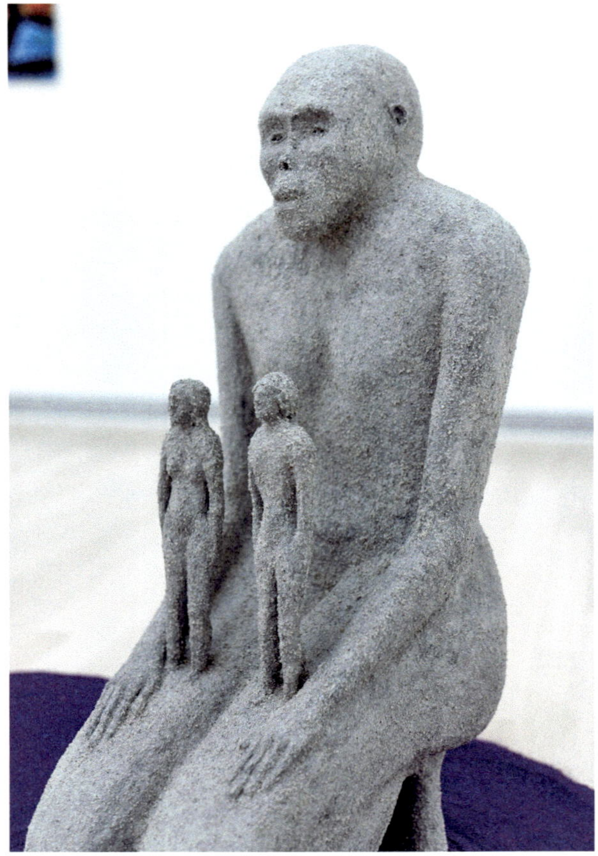

42. kat. sz.

Tranker Kata (1989)
Teremtő tállal

2021
Papírmassza, zúzott kő, kvarchomok, kristály

43 kat. sz.

Tranker Kata (1989)
Teremtő emberekkel

2021
Papírmassza, zúzott kő

Cat. no. 42

Kata Tranker (1989)
Creator with Bowl

2021
Paper pulp, crushed stone, sand, crystal

Cat. no. 43

Kata Tranker (1989)
Creator with Human Beings

2021
Paper pulp, crushed stone

Tranker Kata művészetében az ember és a tárgyi kultúra viszonya, az emberiség és az előember közötti kapcsolat, a primatológia, a főemlősökkel foglalkozó tudományág, az evolúció folyamatának múltja és jövője központi témák. Az ősi civilizációk eredetileg funkcionális, jellemzően szakrális művészeti alkotásai – melyeknek jelentése, tartalma mára elveszett – szintén visszatérő elemei műveinek.

A két zoomorf – *antropomorf?* – térdeplő alak egymás mellé helyezve mintha egy ismeretlen civilizáció teremtésmítoszát jelenítené meg. Az istenségek, a teremtő jelenlétében a teremtett jellemzően gyermekként, apró méretben van ábrázolva. Számos kultúrában az első ember(pár) a teremtő istenséghez képest apró méretben jelenik meg annak tenyerén, térdén. A keresztény kultúrkörben is jellemző, hogy az emberi alak szentek jelenlétében arányaiban eltörpülve tűnik fel. Tranker ezt az összetett hátterű művészettörténeti toposzt értelmezi újra. Az ember és a főemlős közötti határvonal feloldásával a távoli múltba tekint, felveti azonban egy posztantropocén, tudományos-fantasztikusnak tűnő jövő képét is.

The relationship between human beings and object culture, the link between humanity and prehistoric beings, primatology, the scientific study of non-human primates, and past and future evolutionary processes are central themes in Kata Tranker's art. Other recurring elements in her works are the originally functional, typically sacred artistic artefacts of ancient civilisations – the meaning and content of which are now lost.

Placed side by side, the two zoomorphic – or perhaps anthropomorphic – kneeling figures seem to represent the creation myth of an unknown civilisation. In the presence of divinities and the creator, created beings are typically shown as children, diminutive in size. In many cultures, the first human (couple) appears tiny compared to the creator god, placed in the palm of the god's hand, or on its knee. In Christian culture, too, human figures tend to be depicted on a proportionally smaller scale in the presence of saints. Tranker reinterprets this complex art-historical trope. By eliminating the dividing line between human and primate, she looks to the distant past, while also offering us a post-Anthropocene, science-fiction image of the future.

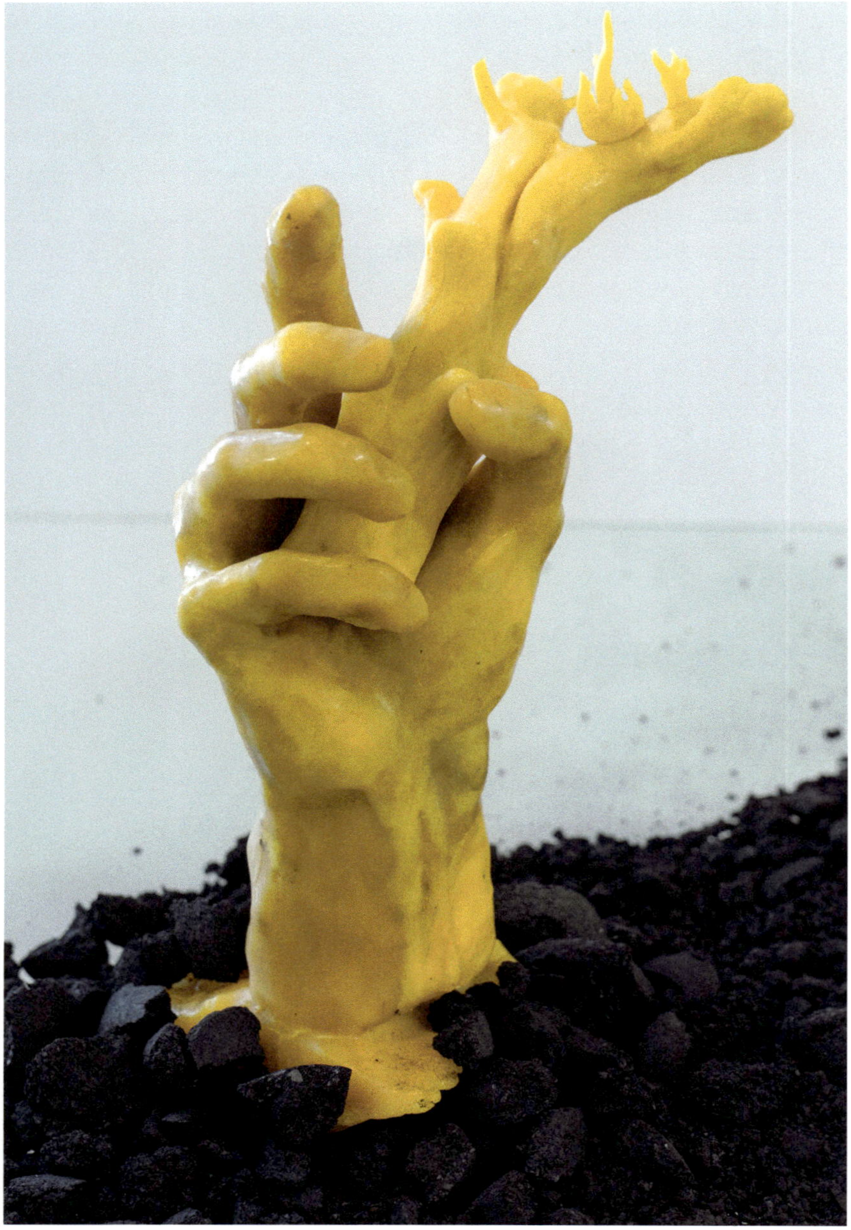

44. kat. sz.

Horváth Gideon (1990)
Szájával szólnak a szellemek
Rituálé egy egyensúlyi állapothoz

2021
Installáció

Cat. no. 44

Gideon Horváth (1990)
With Their Mouth the Spirits Speak
Ritual for a State of Equilibrium

2021
Installation

Horváth Gideon jellemzően szoborinstallációkat készít. Témái a mitológia, a queerelméletek és a szubkultúrák, korábban az antropocentrizmus és a dualizmuson alapuló világszemléletek kritikája volt. Installációiban jellemzően az érzékeny, de ellenálló méhviaszt használja, esetenként fémmel vagy porcelánnal ötvözve. Az anyaghasználat ráerősít a témáit is meghatározó ambivalenciára.

A Kiss Kata Dórával közös kutatáson alapuló, *Szájával szólnak a szellemek* című munkájában a magyar néphagyományban markánsan jelen lévő táltos alakját idézi meg, napjaink ökológiai válságára vonatkoztatva szerepét. A táltos az ember, a természet és az emberen túli szférák közötti kapcsolatteremtés és közvetítés révén törekszik a köztük lévő egyensúly visszaállítására. Az élővilág, a hegy vagy a folyó megharagított szellemeinek engesztelésére, az egyensúlyi állapot visszaállítása érdekében végrehajtott rituálék az ökológiai válsággal való szembenézés és a megoldáskeresés kontextusában értelmeződnek újra.

Az installáció elemei – például a farkaskoponya vagy a bikaszív – a sámán rítusaira és gyakran állati tulajdonságokat felvevő alakjára utalnak. A szájhagyomány parazsat evő paripája, melyet meglovagolva a táltos a szellemvilágba lép, kétféleképpen is megjelenik. A paripa alakja a megszokott heroizált, erős állat helyett törékeny embrió, míg a parázsevés motívumát – melyet a téma kutatóinak egy része a révület eléréséhez használt keretdob megfeszítéséhez szükséges parázzsal hoz összefüggésbe – az installáció részét képező széndarabok idézik meg. A szén áthallást enged a fosszilis energia túlzott használatának kérdésére is, hidat alkotva a jelenkori probléma és az archaikus megoldási kísérletek idősíkjai között.

Gideon Horváth mainly produces sculptural installations inspired by mythology, queer theory, and subcultures, while his earlier work challenged anthropocentric and dualistic worldviews. He typically works with beeswax, a material that is both sensitive and resilient, sometimes combining it with metal or porcelain. His use of material reinforces the marked ambivalence inherent in his choice of themes.

In *With Their Mouth the Spirits Speak*, a work based on collaborative research with Kata Dóra Kiss, he evokes the *táltos* (shaman), a crucial figure in Hungarian folk tradition, relating their role to the present-day ecological crisis. By enabling communication and mediation between the human, natural, and superhuman realms, the shaman strives to restore equilibrium among them. Rituals carried out to appease the angry spirits of wildlife, mountains, and rivers, and to restore a state of balance, are reinterpreted in the context of the ecological crisis and the quest for solutions.

The elements in the installation – such as the wolf's skull and bull's heart – refer to shamanic rituals and to the figure of the shaman, who often assumes animal attributes. The horse, which in oral tradition eats burning coals and carries the shaman into the spirit world, appears here in two different guises. Rather than the usual, heroically powerful animal, the steed is a fragile embryo, while the motif of ember eating – which some researchers associate with the embers required to stretch the frame drums used to induce a state of trance – is evoked by the lumps of coal that feature in the installation. The coal might also bring to mind the over-exploitation of fossil fuels, creating a temporal bridge between modern-day issues and the archaic pursuit of solutions.

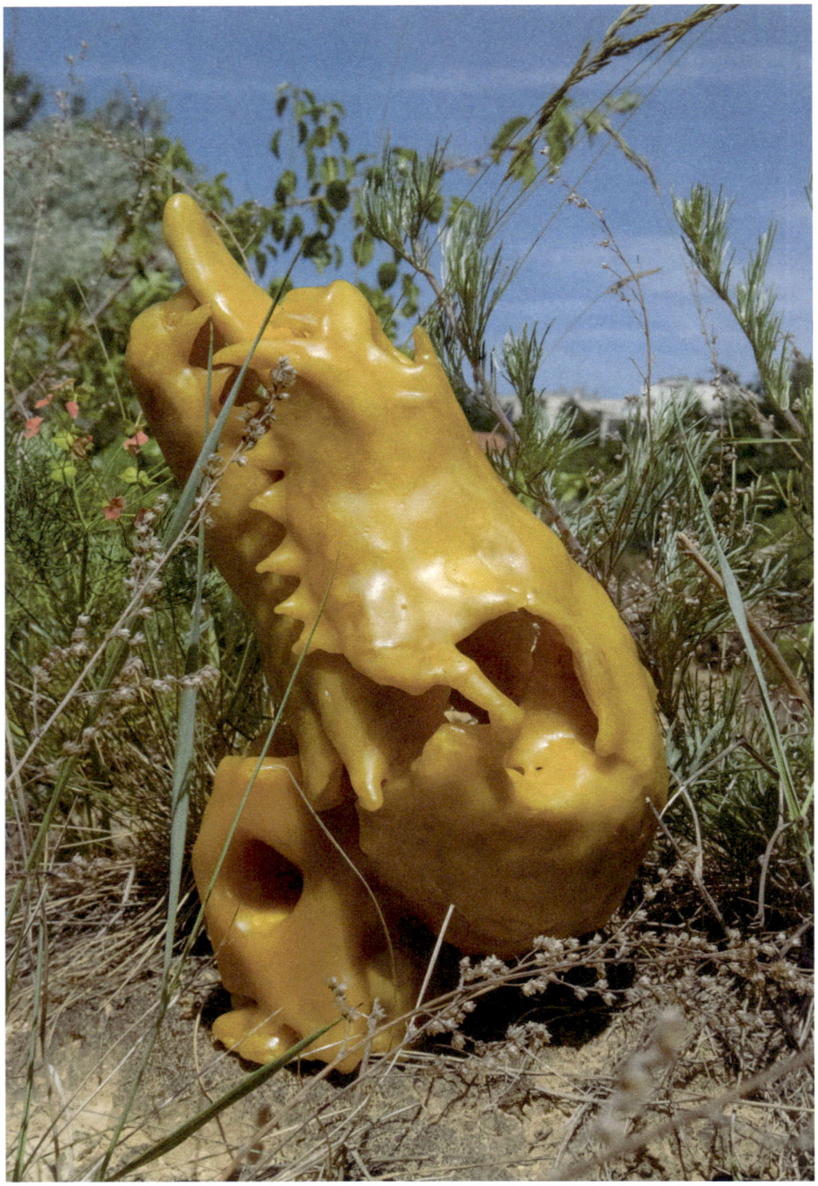

44. kat. sz.

Horváth Gideon (1990)
Szájával szólnak a szellemek
Az égi kutya tabuja

2021
Méhviasz szobor
Installáció

Cat. no. 44

Gideon Horváth (1990)
With Their Mouth the Spirits Speak
The Taboo of the Celestial Dog

2021
Beeswax statue
Installation

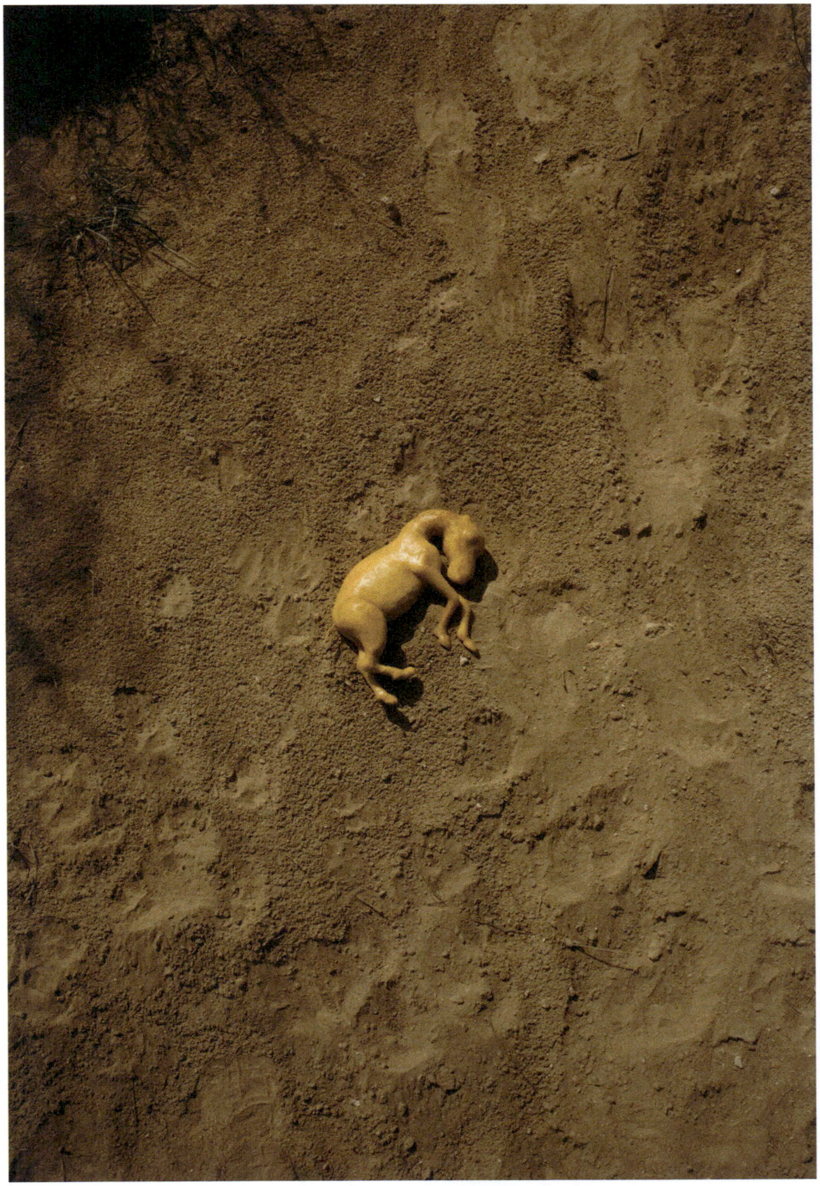

44. kat. sz.

Horváth Gideon (1990)
Szájával szólnak a szellemek
Parazsat evő paripa

2021
Méhviasz szobor
Installáció

Cat. no. 44

Gideon Horváth (1990)
With Their Mouth the Spirits Speak
Ember Eating Steed

2021
Beeswax statue
Installation

6. szekció

A tájban élők nézőpontja

A Föld természeti rendszerei – az időjárás, az évszakok váltakozása, a nappalok és éjszakák, a Hold ciklusai, az apály és a dagály – bonyolult hálózatot alkotnak, amely közvetlenül befolyásolja minden élőlény életét.

Az emberi és nem emberi minőségek együttélése és együttműködése alapvető fontosságú az ökológiai egyensúly megóvása érdekében. Az önfenntartó emberi közösségek, az állatok, a növények számára a természeti környezet, a táj nem csupán háttér. Saját életciklusukban aktív alakítójává válnak élőhelyüknek és környezetüknek, a nézőpontjukból bemutatott természet azonban sosem tárgyiasul, nem válik „másikká".

A 17. századtól elterjedő karteziánus szemléletben a természet – beleértve az élőlényeket is – mechanikusan működik. René Descartes szerint az állatok nem rendelkeznek tudattal vagy lélekkel, a természeti rendszerek pedig az ember által leírható, tudományosan magyarázható törvények szerint funkcionálnak. Ebben az értelmezésben az *ágencia* fogalma kizárólag az ember cselekvési képességével azonosítható, így az ember abszolút hatalommal bír a természeti világ felett.

Ebben a szekcióban olyan művek találhatók, amelyek viszont dekonstruálják a szubjektum és tárgy, az ember és nem ember, a természet és kultúra közötti bináris megkülönböztetéseket. Az állatok, növények, nem emberi minőségek, sőt maga a természet is cselekvőként értelmeződik, amely képes saját perspektívája bemutatására, megjelenik a kapcsolatiság és az egymásrautaltság minden élőlényt érintő aspektusa. Az érzékelés nem hierarchikus rendszer, hanem olyan összetett hálózat, amelyben minden élőlénynek megvan a maga egyéni, bár determinált perspektívája. Az állatok érzékszervi tapasztalataikon keresztül fogadják be a világot, ezek segítik őket a táplálékszerzésben, az életben maradásban, a társas kapcsolataik kialakításában, a búvóhelyek megépítésében vagy megtalálásában. A növények nem rendelkeznek kognitív értelemben vett érzékeléssel, de reagálnak a környezeti hatásokra. A fény, a víz, a hőmérséklet és a tápanyagok határozzák meg növekedésüket, így alkalmazkodnak a környezetükhöz. Egyes kutatások szerint a fák képesek kommunikálni egymással gyökereiken keresztül, megosztják a tápanyagot, figyelmeztetik egymást a környezeti veszélyekre. Így a növények nem csupán passzívan reagálnak a különböző hatásokra, hanem aktívan részt vesznek a táj alakításában.

A táj aktív ágensként való reprezentálása az 1960-as évektől vált egyre hangsúlyosabbá. A konceptuális művészetben például a kiállításban is szereplő Joseph Beuys munkásságában, az ökológiai művészetben, valamint az új materializmusban a természet cselekvő félként jelenik meg. Ezzel párhuzamosan az uralkodó hatalmi struktúrák kritikai felülvizsgálata, a dekolonizációs folyamatok hatására az őslakos kultúrák előtérbe kerülése, a társadalmi nemek emancipációja mind hozzájárultak ahhoz, hogy a felvilágosodás korától kezdve uralkodó nyugati antropocentrikus nézőpont egyre inkább megkérdőjeleződött.

Section 6

An Insider's View

The Earth's natural systems – the weather, the changing seasons, day and night, the cycles of the Moon, and the ebb and flow of the tides – form an intricate network that has a direct impact on all living beings.

The coexistence and collaboration of humans and non-human entities are essential for the preservation of ecological balance. For self-sustaining human communities, animals, and plants, the natural environment and the landscape are not merely a backdrop. In their own lifecycles, they become active shapers of their habitats and environments, although seen from their perspective, nature never becomes objectified, never becomes "other".

In the Cartesian approach that gained ground from the seventeenth century, nature – including living beings – functions mechanically. René Descartes argued that animals have neither consciousness nor souls, while natural systems operate according to laws that can be written down and scientifically explained. In this sense, the concept of *agency* can be identified exclusively with the human capacity to act, thus humans have absolute authority over the natural world.

This section of the exhibition, however, is devoted to works that deconstruct the binary distinction between subject and object, human and non-human, nature and culture. Animals, plants, non-human entities, and even nature itself are interpreted as actors capable of presenting their own perspective, revealing the connectedness and interdependence of all living beings. Rather than being a hierarchical system, perception is an intricate network in which each living creature has its own individual, albeit determined, perspective. Animals take in the world via their sensory experiences, which help them obtain food, survive, form social bonds, and construct or discover hiding places. While plants have no perception in the cognitive sense of the word, they do respond to environmental impacts. Their growth is determined by light, water, temperature, and nutrients, thus they do adapt to their environment. According to some researchers, trees can communicate with one another via their roots, sharing nutrients and warning each other of environmental hazards. Thus, plants do not merely respond passively to various stimuli but play an active role in shaping the landscape.

The representation of the landscape as an active agent was given increasing emphasis from the 1960s. In conceptual art, for example, in the work of Joseph Beuys, who features in the present exhibition, as well as in ecological art and new materialism, nature appears as an active participant. In parallel, the critical revision of prevailing power structures, the foregrounding of indigenous cultures as an outcome of decolonisation processes, and the emancipation of marginalized genders have all contributed to the gradual questioning of the Western anthropocentrism prevalent since the Enlightenment.

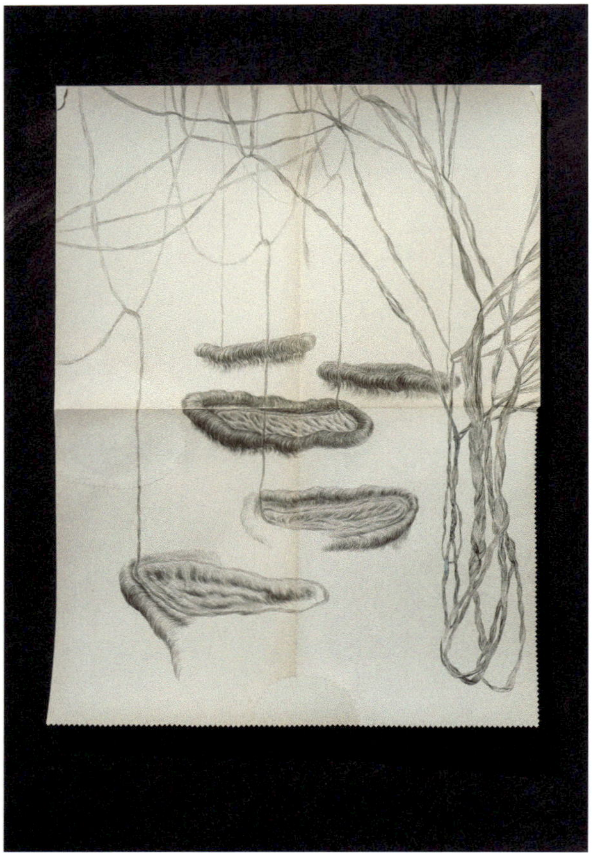

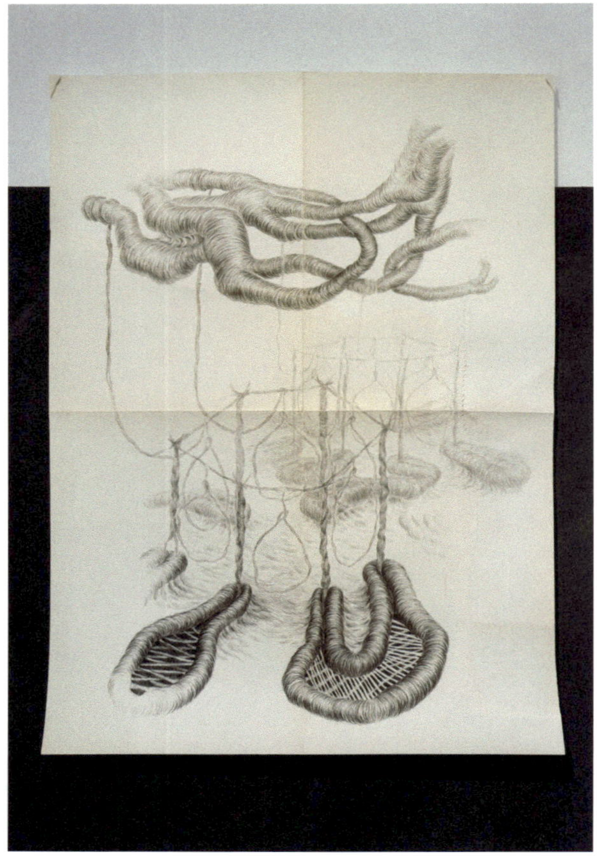

45. kat. sz.

Trapp Dominika (1988)
Behálózva, eljegyezve, becsapdázva I.

2023
Tus, antik papír

Cat. no. 45

Dominika Trapp (1988)
Entangled, Engaged, Ensnared I

2023
Ink on ephemera

46. kat. sz.

Trapp Dominika (1988)
Behálózva, eljegyezve, becsapdázva II.

2023
Tus, antik papír

Cat. no. 46

Dominika Trapp (1988)
Entangled, Engaged, Ensnared II

2023
Ink on ephemera

Trapp Dominika 2012-ben végzett a Magyar Képzőművészeti Egyetem festő szakán. Művészetében gyakran merít inspirációt mélyen személyes élményekből. Kialakult munkamódszerének az intuíció mellett kulcsfontosságú elemei az előzetes kutatás, a többféle kritikai perspektíva, valamint a nemzetközi intellektuális trendek hazai kontextusban való reflexív vizsgálata.

Behálózva, eljegyezve, becsapdázva című munkájának tudományos és metaforikus kiindulópontja a Néprajzi Múzeum gyűjteményének állatfogáshoz használt csapdái. A művész a klasszikus tájábrázolást szervszerű rendszerként újraértelmezve reprezentálja a tájban megbúvó emberi minőséget, a táj felől érkező erő emberi kisajátítását. A csapdák olyan emberi beavatkozások a tájban, melyek a pókokhoz vagy rovaremésztő növényekhez hasonlóan a prédájuk számára ismerős, otthonos vagy kifejezetten csalogató közeg látszatát keltik, majd a biztonságosnak ítélt tér a préda halálának színterévé válik. A csapda értelmezhető egyfajta átjáróként is, mely különféle egymásnak feszülő világokat kapcsol össze: az emberit és az állatit, a vadászt és a prédát, a természetet és a technológiát, vagy mindezen felül magát az életet és a halált.

Dominika Trapp graduated from the Faculty of Painting at the Hungarian University of Fine Arts in 2012. She frequently draws her artistic inspiration from deeply personal experiences. Besides intuition, key elements in the method she has developed include preliminary research, multiple critical perspectives, and the reflexive examination of international intellectual trends in a Hungarian context.

The scientific and metaphorical point of departure for her work *Entangled, Engaged, Ensnared* are the hunting traps in the collection of the Hungarian Museum of Ethnography. Reinterpreting classical landscape paintings as an organ-like system, she represents the latent human quality within the landscape, and the human appropriation of the power that comes from the landscape. Hunting traps are human interventions, which, in the same way as spiders or carnivorous plants, create the semblance of a familiar or even particularly inviting space, before the location that was judged to be safe becomes the site of the prey's death. The trap can also be interpreted as a kind of portal between various opposing worlds: human and animal, hunter and prey, nature and technology, and, above all, life and death.

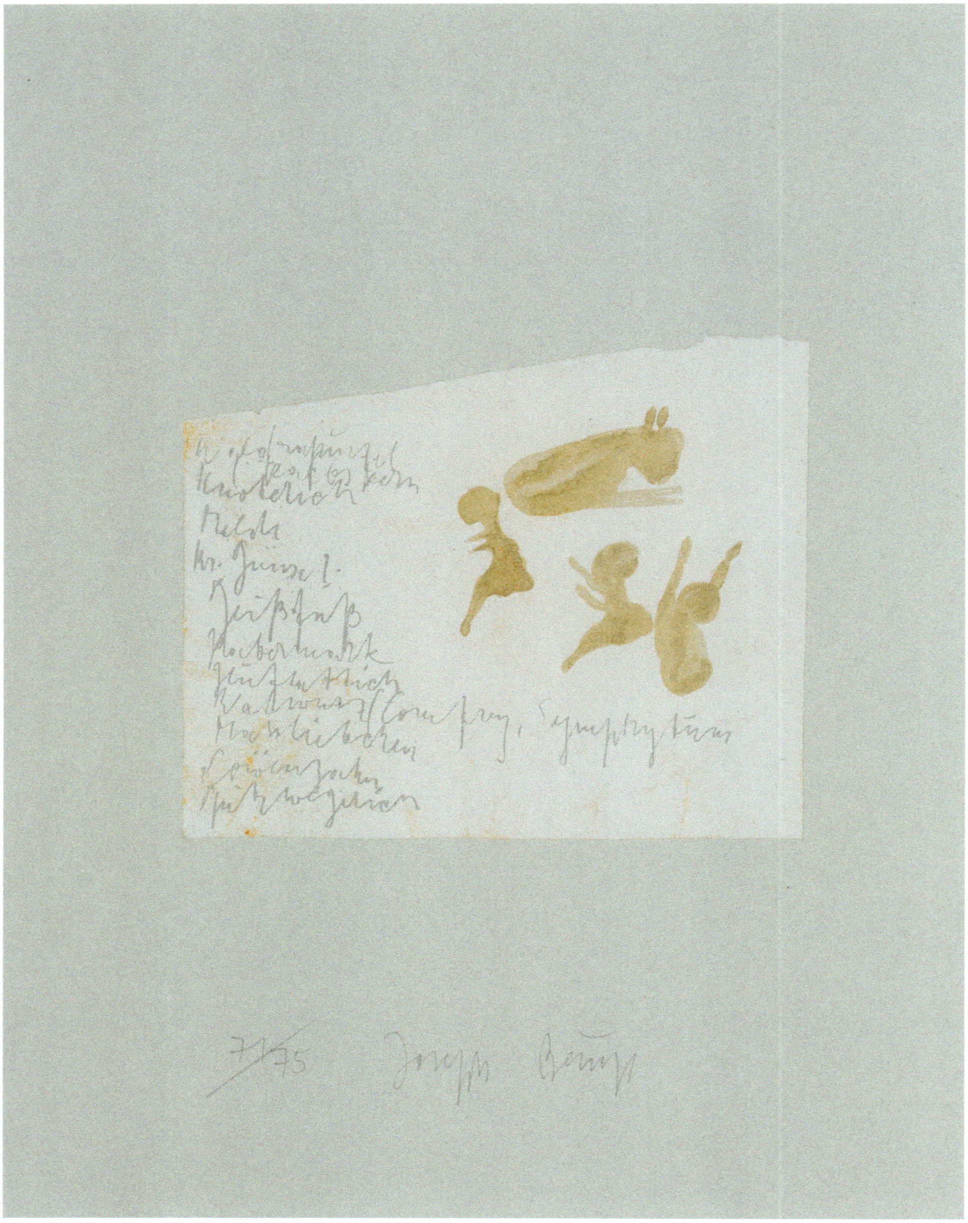

47. kat. sz.

Joseph Beuys (1921–1986)
Borjú gyermekekkel

1982
Aquatinta, litográfia, papír

Cat. no. 47

Joseph Beuys (1921–1986)
Calf with Children

1982
Aquatint and lithograph on paper

Joseph Beuys szobrász, grafikus és akcióművész a 20. század egyik legjelentősebb alkotója, tanára és teoretikusa volt. Teljes életművét átszövi a múlt szelektív elemeiből épített, filozófiai, antropozófiai, mitikus, antropológiai és természettudományos alapokon nyugvó személyes mitológiája, melyben a természettel, az állatokkal és az ősi kultúrákkal való közvetítőként értelmezi magát: „Én a transzformációra és a szubsztanciára helyezem a hangsúlyt. Pontosan ezt teszi a sámán is, hogy változást és fejlődést érjen el. Ezek gyógyító jellegű folyamatok."

Esküre emelt kéz (Schwurhand) című grafikai ciklusának előzménye húsz tollrajz, amelyek 1950 és 1970 között készültek, és csak apró részletekben különböznek az 1980-ban kiadott nyomatoktól. A sorozatban szereplő grafikák többségén a természetből vett motívumok és a bennük rejlő energia emberrel való relációja áll az ábrázolás központjában. E ciklushoz tartozik a *Borjú gyermekekkel* című grafika is. Beuys számára az állatok hatalmas „energiaforrást képviselnek, fejlett lelki-érzéki-ösztönerőkkel és tájékozódási érzékkel rendelkeznek, a szellemi javak előállításában generátorként lépnek fel". Az állatokat olyan alakokként írta le, „amelyek szabadon mozognak egyik létezési szintről a másikra, és a lélek inkarnációját vagy a szellemi lények földi formáját képviselik, akik hozzáférnek más régiókhoz..."

Szarvasfej és *Szarvasláb* című grafikái az 1985-ös *Könnyek (Tränen)* sorozat részei. A műveken az állat fejét és lábának egy részletét helyezi a középpontba. A vékony, finom vonalakból álló ábrázolással Beuys az érzékelés és az érzés elméleti kérdéseit is vizsgálja: mit jelent jelen lenni a világban, látni, látva lenni, érezni és könnyezni?

Sculptor, graphic artist, and action artist Joseph Beuys was one of the most important creative figures, teachers, and theorists of the twentieth century. His oeuvre is interwoven with a personal mythology, constructed from selective elements of the past and based on philosophical, anthroposophical, mythical, anthropological, and scientific foundations, in which he defines himself as intermediating with nature, animals, and ancient cultures. "My intention is ... to stress the idea of transformation and of substance. That is precisely what the shaman does in order to bring about change and development. His nature is therapeutic."

The prototypes for his cycle of prints *Oath Hand – Schwurhand* were the twenty ink drawings he produced between 1950 and 1970, which differ only in small details from the prints published in 1980. Most of the etchings in this series focus on the depiction of motifs taken from nature, and on how the energy within them relates to humans. The print *Calf with Children* belongs within this cycle. In Beuys' understanding, "animals represent an enormous source of energy, they have high soul powers, feeling powers, powers of instinct and orientation... They are fantastic entities and generators for the production of spiritual goods." He described animals as figures "which pass freely from one level of existence to another, which represent the incarnation of the soul or the earthly form of spiritual beings with access to other regions...".

His prints *Deer's Head* and *Deer's Foot* belong to the 1985 *Tears* (*Tränen*) series. These works focus on details from the animal's head and feet. Through images made up of thin, delicate lines, Beuys also examines theoretical questions concerning perception and sensation: What does it mean to exist in the world, to see, to be seen, to feel, and to weep?

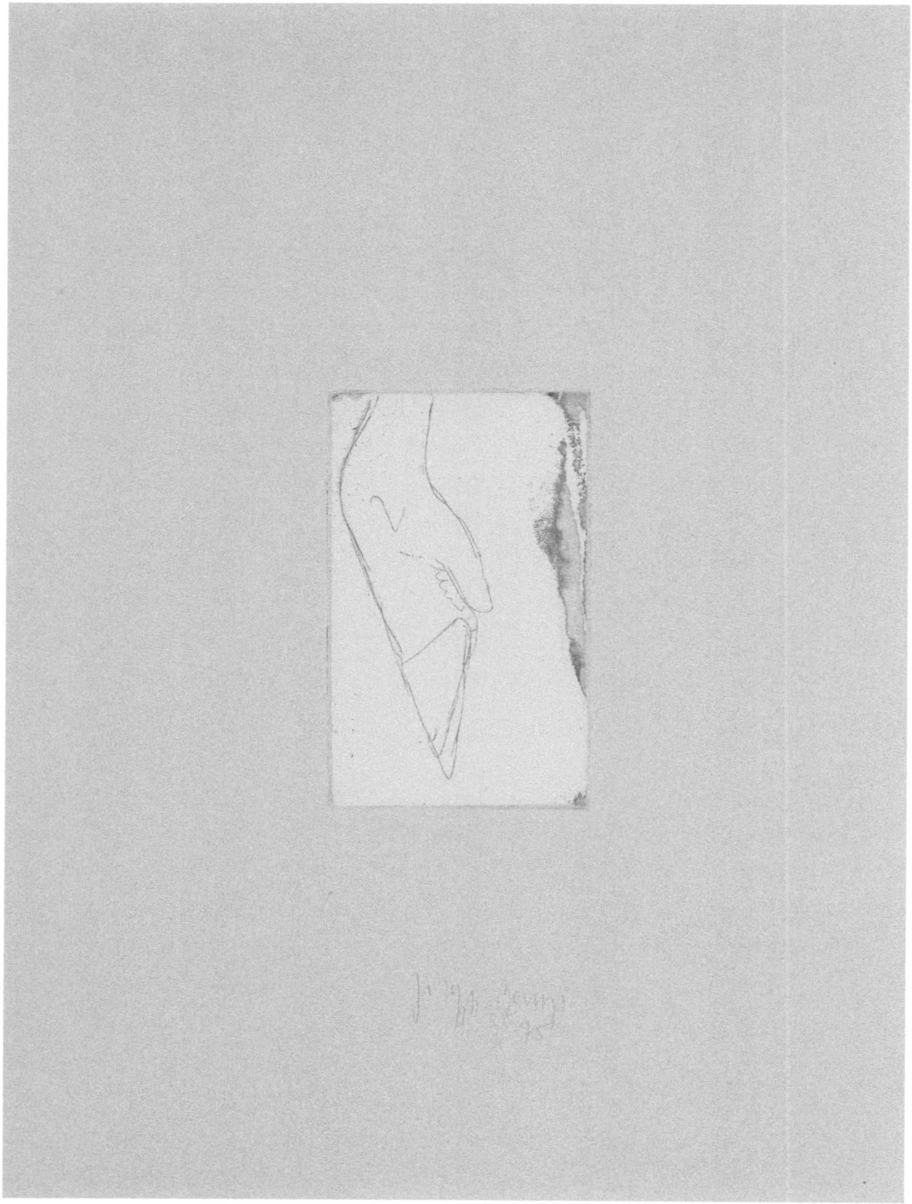

48. kat. sz.

Joseph Beuys (1921–1986)
Szarvasláb

1985
Rézkarc, papír

Cat. no. 48

Joseph Beuys (1921–1986)
Deer Foot

1985
Etching on paper

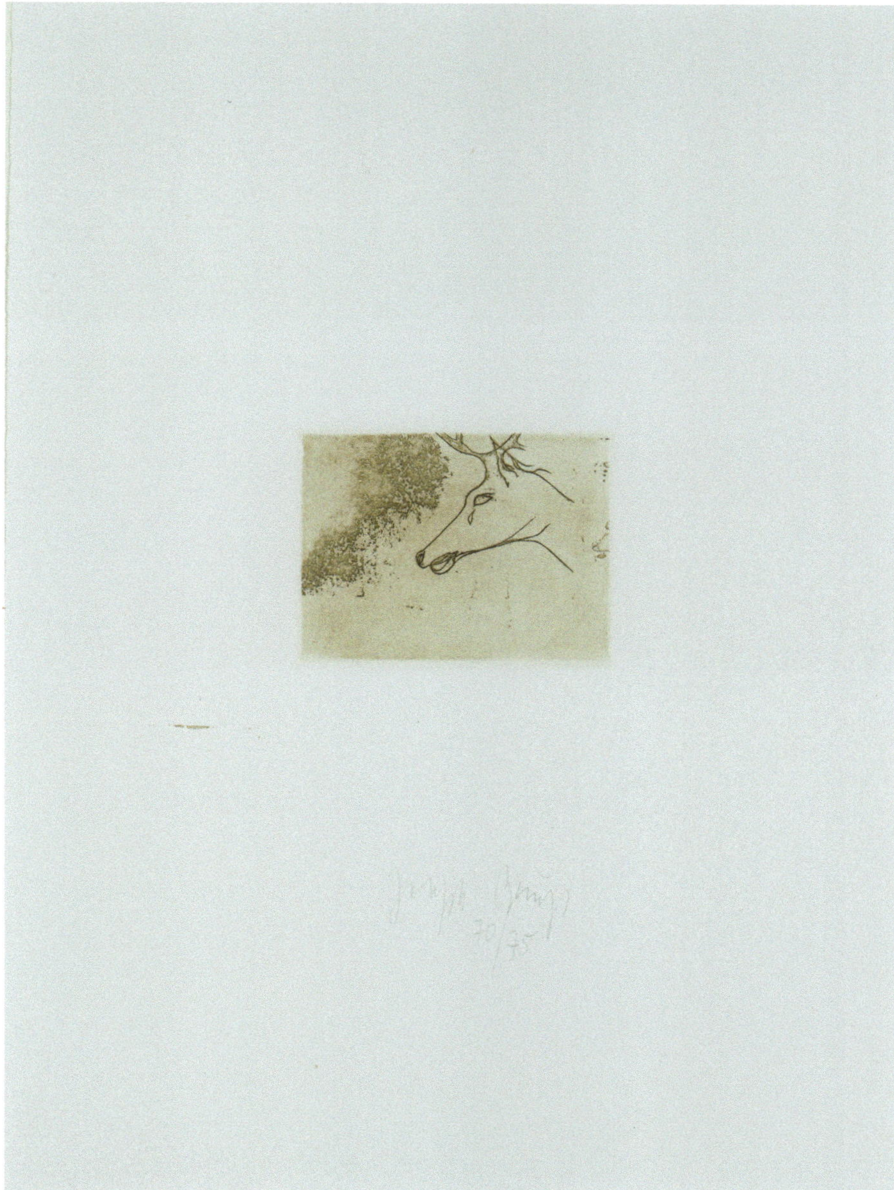

49. kat. sz.

Joseph Beuys (1921–1986)
Szarvasfej

1985
Rézkarc, papír

Cat. no. 49

Joseph Beuys (1921–1986)
Deer Head

1985
Etching on paper

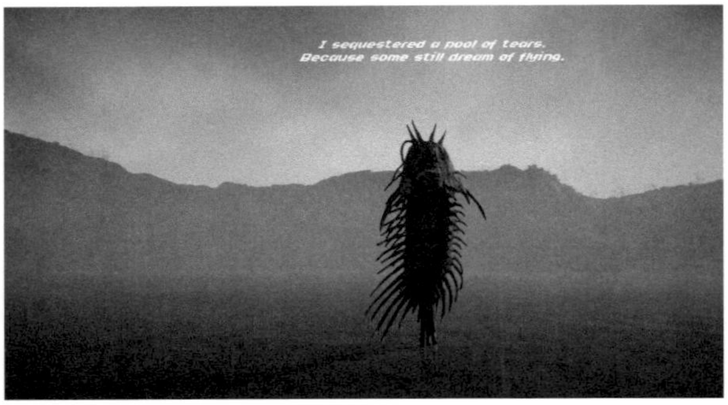

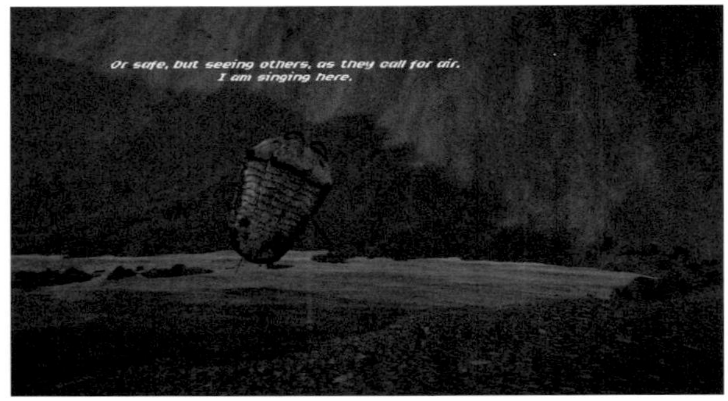

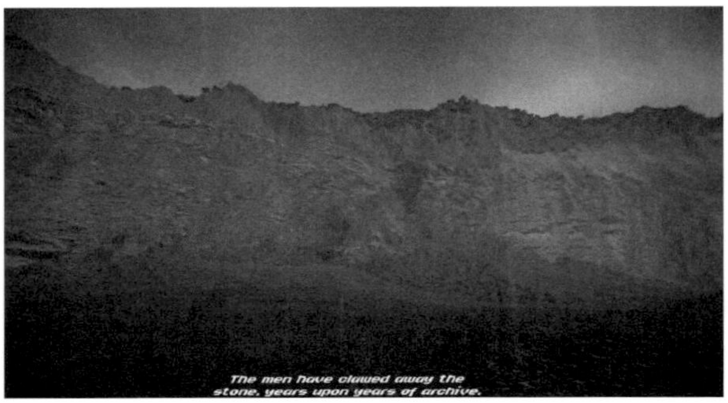

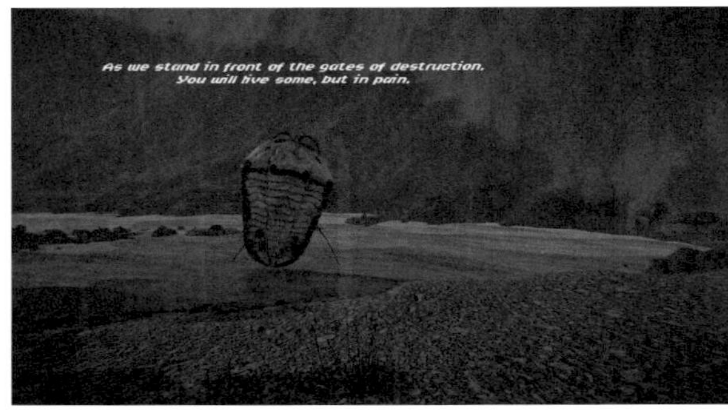

50. kat. sz.

Cséfalvay András (1986)
Trilobiták – A halál völgye

2022
Interaktív digitális játék environment

Cat. no. 50

András Cséfalvay (1986)
Trilobites – The Valley of Death

2022
Interactive game (engine) environment

Cséfalvay András művészeti praxisában a kultúra és technológia viszonyát, illetve a nem domináns földinterpretációk különböző aspektusait vizsgálja.

Trilobiták – A halál völgye című munkájában egy valós csehországi helyszínhez kapcsolódóan hoz létre interaktív tanmesét. A Prágától délre fekvő Prokop-völgyben, egy fosszíliákban gazdag természetvédelmi területhez közeli bányában az emberi beavatkozás révén felszínre kerülnek az évmilliók óta a kőzetrétegek közt nyugvó trilobitafosszíliák. A történet szerint a megzavart állatoknak felébred a szelleme, melyekkel a videójáték révén a kietlen, borongós tájban bolyongó látogató szemtől szembe kerül. A lények poétikus hangvételben mesélik kihalásuk történetét, áthallásokkal az ember kihalásának lehetőségére. Nyugodt melankóliával előadott enigmatikus mondataik a rombolás és a hatékonyság mindenek elé helyezésének következményeivel fenyegető jövő képét festik le.

A tájat megbolygató ember egyfajta „memento mori"-ra, a halál, illetve a tömeges kihalás tárgyi bizonyítékára akad. A múlt tanúinak intő beszámolója révén olyan tudás birtokába jut, melyet ugyan nem tudatosan keresett, mégsem tud figyelmen kívül hagyni.

In his artistic practice, András Cséfalvay explores the relationship between culture and technology, as well as diverse aspects of non-dominant world interpretations.

In *Trilobites – The Valley of Death*, he creates an interactive cautionary tale associated with a genuine location in Czechia. As a result of mining activities close to a fossil-rich nature reserve in the Prokopské valley, south of Prague, trilobite fossils were unearthed from geological strata in which they had lain for millions of years. According to Cséfalvay's story, the ghosts of these disturbed creatures awaken and visitors, wandering through the desolate, gloomy landscape via the video game simulation, come face to face with them. The creatures poetically recount the story of their extinction – a story that has implications for the potential extinction of humankind. Their enigmatic words, delivered in a tone of quiet melancholy, paint a picture of a future threatened by the consequences of prizing destruction and efficiency above all else.

People who disturb the landscape come across a kind of "memento mori", material evidence of death, or rather mass extinction. Through this cautionary tale, told by witnesses of the past, they gain possession of knowledge, which, while not actively sought, can nevertheless not be ignored.

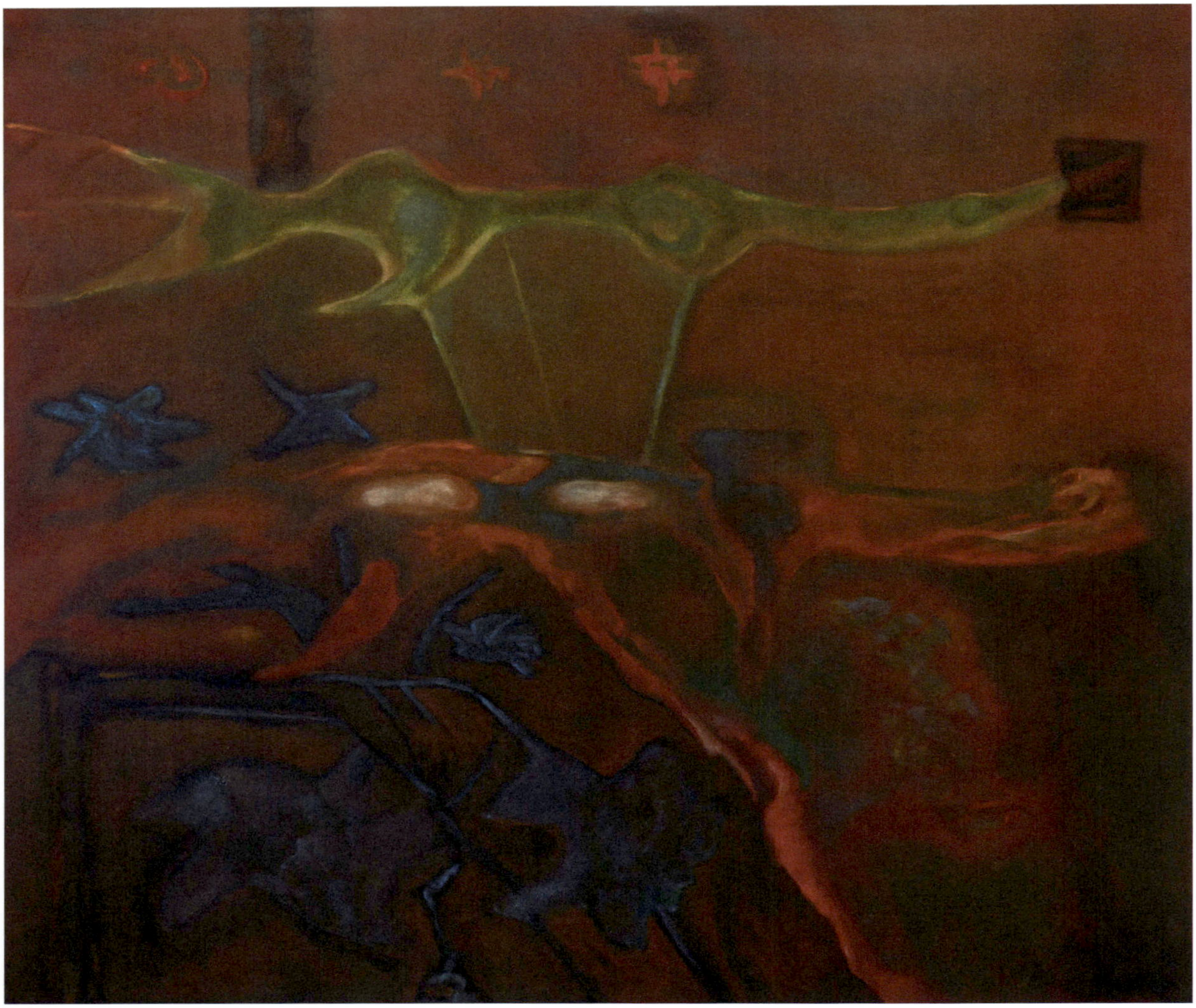

51. kat. sz.

Ulbert Ádám (1984)
megnevezetlen no. 33
(élet egy idegen planétán)

2023
Olaj, vászon

Cat. no. 51

Ádám Ulbert (1984)
unnamed no. 33
(life on an alien planet)

2023
Oil on canvas

Ulbert Ádám művészete elmélyült kutatáson alapszik. Festészete a művészettörténeti hagyományban gyökerezik, ecsetkezelése klasszikus alkotókat idéz, de művei mégsem kategorizálhatók, mert saját gondolatvilágának logikus és szükségszerű kifejeződései.

Ulbert a kultúrtörténetben megjelenített valós és elképzelt világokat, növényeikről alkotott elképzeléseit kutatja, így Raoul Francé (1874–1943) tudományos munkásságát vagy Mokry Mészáros Dezső (1881–1970) ember nélküli mikrovilágokat vagy idegen bolygók életét bemutató művészetét. Vizsgálja a biológia, a növénytan működési mechanizmusait és azt, hogy az organizmusok milyen formákat alkotnak. Művészetét a prehisztorikus és a modernizmus utáni természetről alkotott víziók inspirálják. Olyan formákat és organikus alakzatokat fest, amelyek számunkra ismeretlen lények soha nem látott világába nyújtanak betekintést – ezért is használja képeinél a „Megnevezhetetlen" címet.

A kiállításunkon bemutatott *megnevezhetetlen no. 33 (élet egy idegen planétán)* című alkotás Mokry Mészáros Dezső azonos című festményét idézi. Ismeretlen biológiai, talán víz alatti világra emlékeztető lényeket láthatunk, amelyek ökoszisztémát alkotnak. Ulbert állásfoglalása szerint az élet az embertől független, saját, öntörvényű esztétikai identitás, aminek felismerése segít ahhoz, hogy domináns emberi szerepünket újragondoljuk – a természet törvényeinek és tőlünk független működésének elismerése egy hosszabb távú, együttélésen alapuló élet vízióját vetítik előre mint az emberiség lehetséges túlélési stratégiáját.

Ádám Ulbert's art is based on intensive research. Although his painting is rooted in art historical tradition, and his brushwork evokes classical artists, his works are impossible to categorise, being the logical and imperative expressions of his own intellectual world.

Ulbert researches real and imagined worlds depicted in cultural history, along with ideas concerning their flora, including the scientific work of Raoul Francé (1874–1943) or the art of Dezső Mokry Mészáros (1881–1970), which depicts human-less microworlds or life on alien planets. He studies the mechanisms of action of biology and botany and the shapes created by organisms. His art is inspired by visions of prehistoric and post-modern nature. He paints shapes and organic figures that offer a glimpse into a never-before-seen world of unknown creatures – which explains his use of the title "unnamed" for his paintings.

The work *unnamed no. 33 (life on an alien planet),* on show in the present exhibition, alludes to a painting of the same name by Dezső Mokry Mészáros. It depicts creatures, suggestive of an unknown biological, perhaps underwater, world, that form an ecosystem. According to Ulbert, life is its own autonomous aesthetic identity, independent of humankind, and recognising this helps us to rethink our dominant human role – acknowledging the laws of nature and their independent operation enables a longer-term vision of life, based on symbiosis, as a possible survival strategy for humanity.

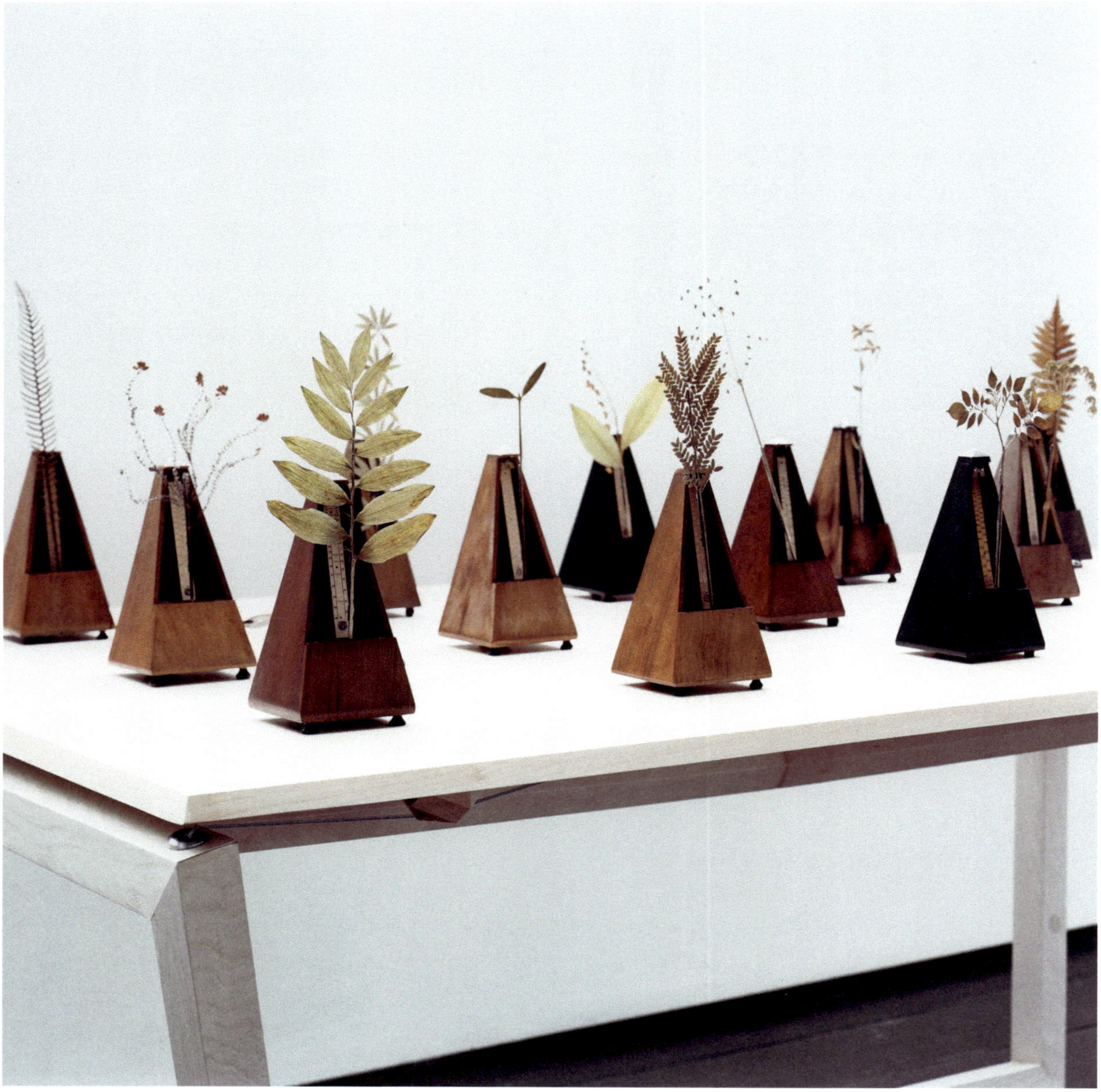

52. kat. sz.

Dezső Tamás (1978)
Az állhatatosság kertje

2020–2023
Kinetikus asztal, fa, fém, acél,
antik metronómok,
19. századi herbáriumpéldányok

Cat. no. 52

Tamás Dezső (1978)
Garden of Persistence

2020–2023
Kinetic table, wood, steel wire, magnets,
antique metronomes, 19th-century
herbarium specimens

Dezső Tamás munkáiban a fotográfia, a szobrászat és installáció eszközeit használva az emberi észlelés határaival, az emberi és nem-emberi identitással és ökológiai kérdésekkel foglalkozik.

Az állhatatosság kertje című munkája az emberi és növényi időfelfogás párhuzamait és különbségeit, illetve a növényi kommunikációt tematizálja, miközben az installációhoz használt tágyak révén behozza a természet ember általi megismerésére és kategorizálására irányuló vágy korokon átívelő témáját is. A mű megidézi mind az ember racionalizált, mérhető, lineárisan előrehaladó időfelfogását, mind a természet, így a növények ciklikus, az éjszakák és nappalok, illetve az egymást váltó évszakok fizikai tényezői által meghatározott időbeli létezését. Az antik metronómok, melyek a modern ember számára a ritmus, azaz egy pontos, mérhető egység megtalálását segítik, új életet adnak a rájuk illesztett, 19. századi herbáriumokból származó, a század felgyorsuló tudományos fejlődése által előidézett kiismerés és kategorizálás iránti vágyat megidéző szárított növényeknek.

A speciálisan kialakított mozgásérzékeny asztallap révén a metronóm-növények kapcsolatba lépnek egymással, az átvitt kinetikus energia révén szinkron alakul ki közöttük, melyet néhány pillanat múlva elveszítenek, majd újra megtalálnak. Ez a kabócák ciripelését vagy a békák kuruttyolását eszünkbe juttató hangjelenség nemcsak a természeti tényezők kommunikációját, összehangolt működését idézi meg, hanem a természeti létezés ciklikusságát is.

Using the resources of photography, sculpture, and installation, Tamás Dezső examines the limits of human perception, human and non-human identity, and ecological issues.

In *Garden of Persistence*, he explores the parallels and dissimilarities between human and vegetal concepts of time, as well as plant communication. At the same time, through the objects used in the installation, he introduces the theme of the perennial human longing to know and categorise the natural world. The work evokes both the human concept of time as a rational, measurable, linear progression, and the cyclical, temporal existence of the natural world, including plants, which is defined by the succession of nights and days and the changing seasons. The antique metronomes, which enable us to find rhythm, a precise and measurable entity, lend new life to the dried plants that are affixed to them. Taken from a nineteenth-century herbarium, these dried specimens encapsulate the desire for detailed knowledge and categorisation inspired by the century's rapid scientific advances.

By means of the specially developed motion-sensitive surface, a connection is established between the metronome-plants. They become synchronised with one another through the transmission of kinetic energy; after a few moments they lose this synchronicity, then find it once again. This acoustic phenomenon, which calls to mind the chirping of cicadas or the croaking of frogs, evokes not only the communication and synchronisation of elements of nature but also the cyclical character of natural existence.

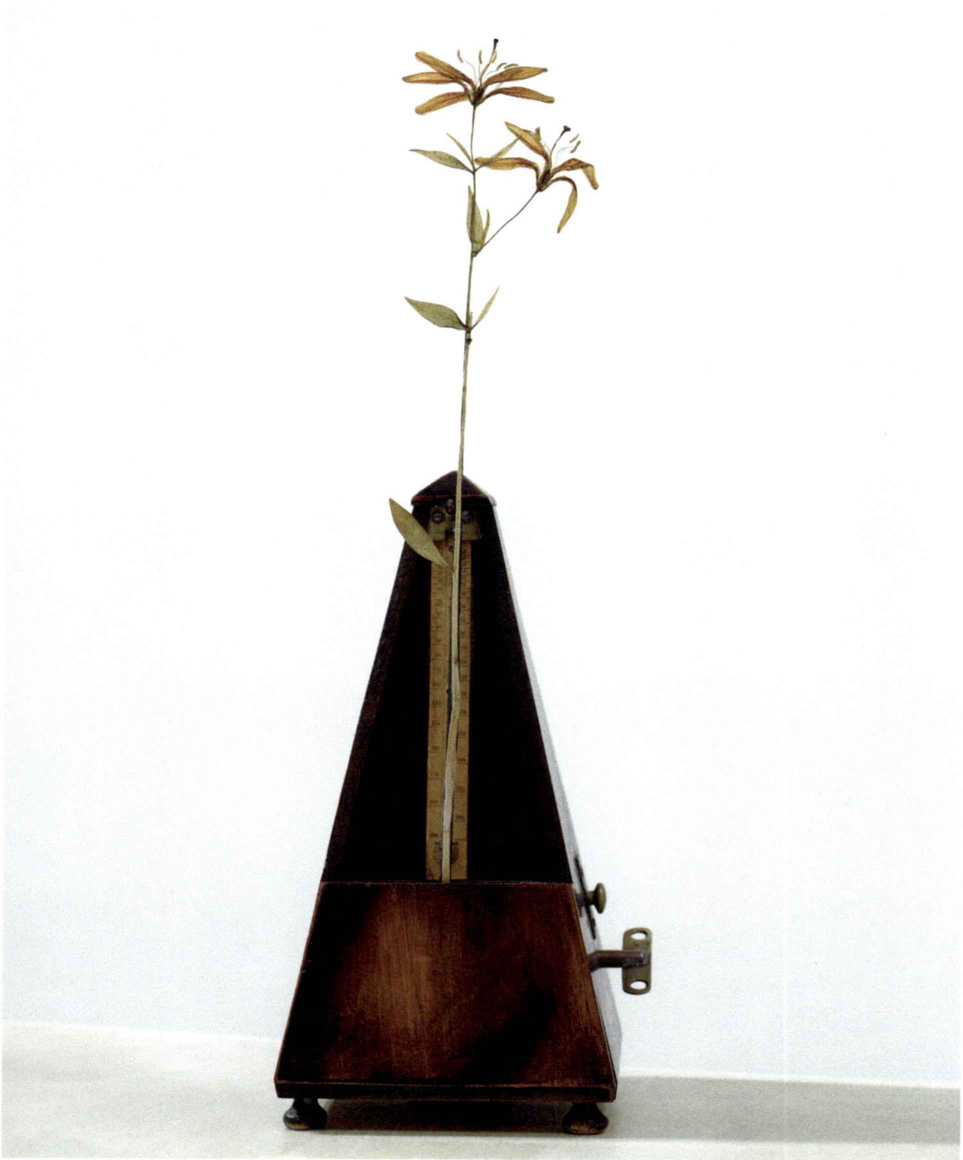

52. kat. sz.

Dezső Tamás (1978)
Az állhatatosság kertje, részlet

2020–2023
Kinetikus asztal, fa, fém, acél,
antik metronómok,
19. századi herbáriumpéldányok

Cat. no. 52

Tamás Dezső (1978)
Garden of Persistence, detail

2020–2023
Kinetic table, wood, steel wire, magnets,
antique metronomes, 19th-century
herbarium specimens

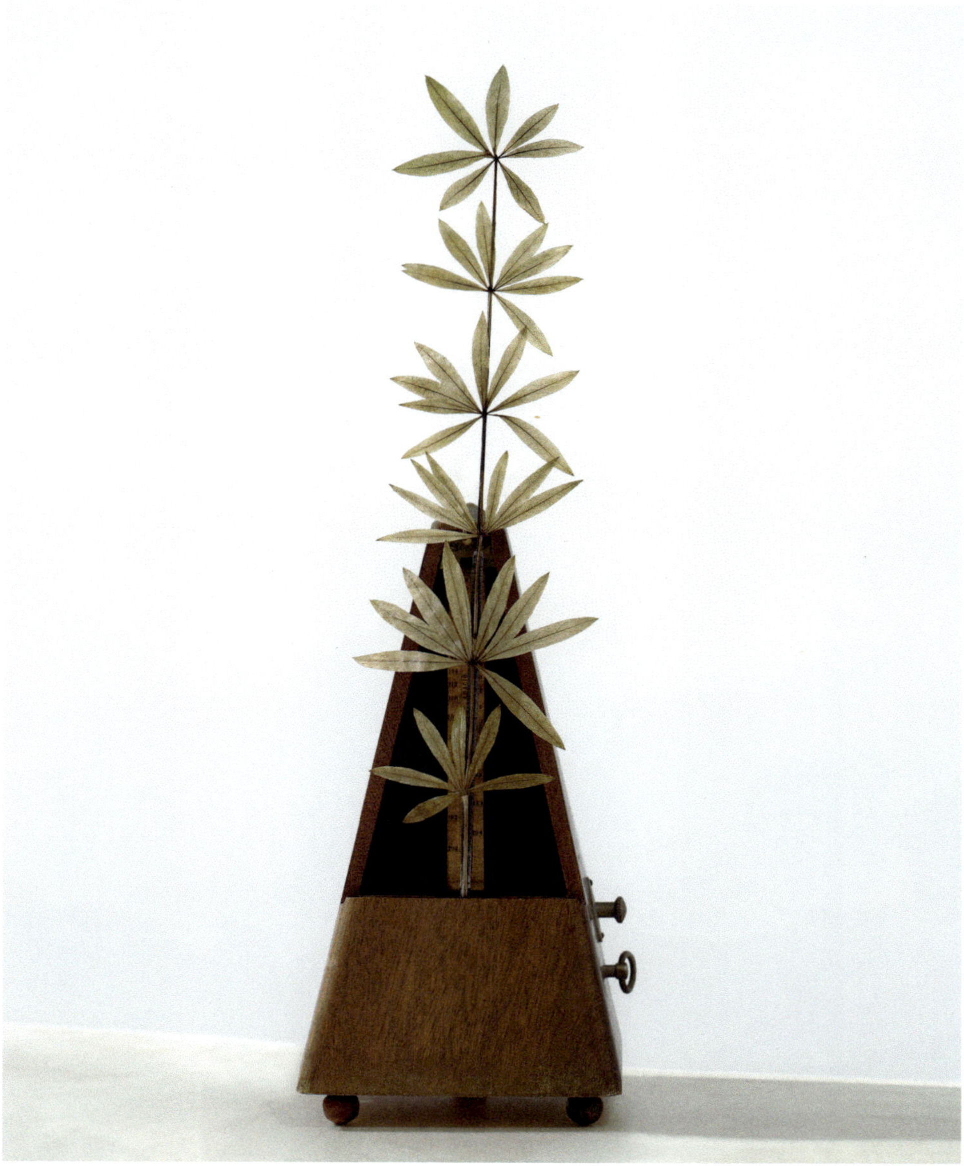

52. kat. sz.

Dezső Tamás (1978)
Az állhatatosság kertje, részlet

2020–2023
Kinetikus asztal, fa, fém, acél,
antik metronómok,
19. századi herbáriumpéldányok

Cat. no. 52

Tamás Dezső (1978)
Garden of Persistence, detail

2020–2023
Kinetic table, wood, steel wire, magnets,
antique metronomes, 19th-century
herbarium specimens

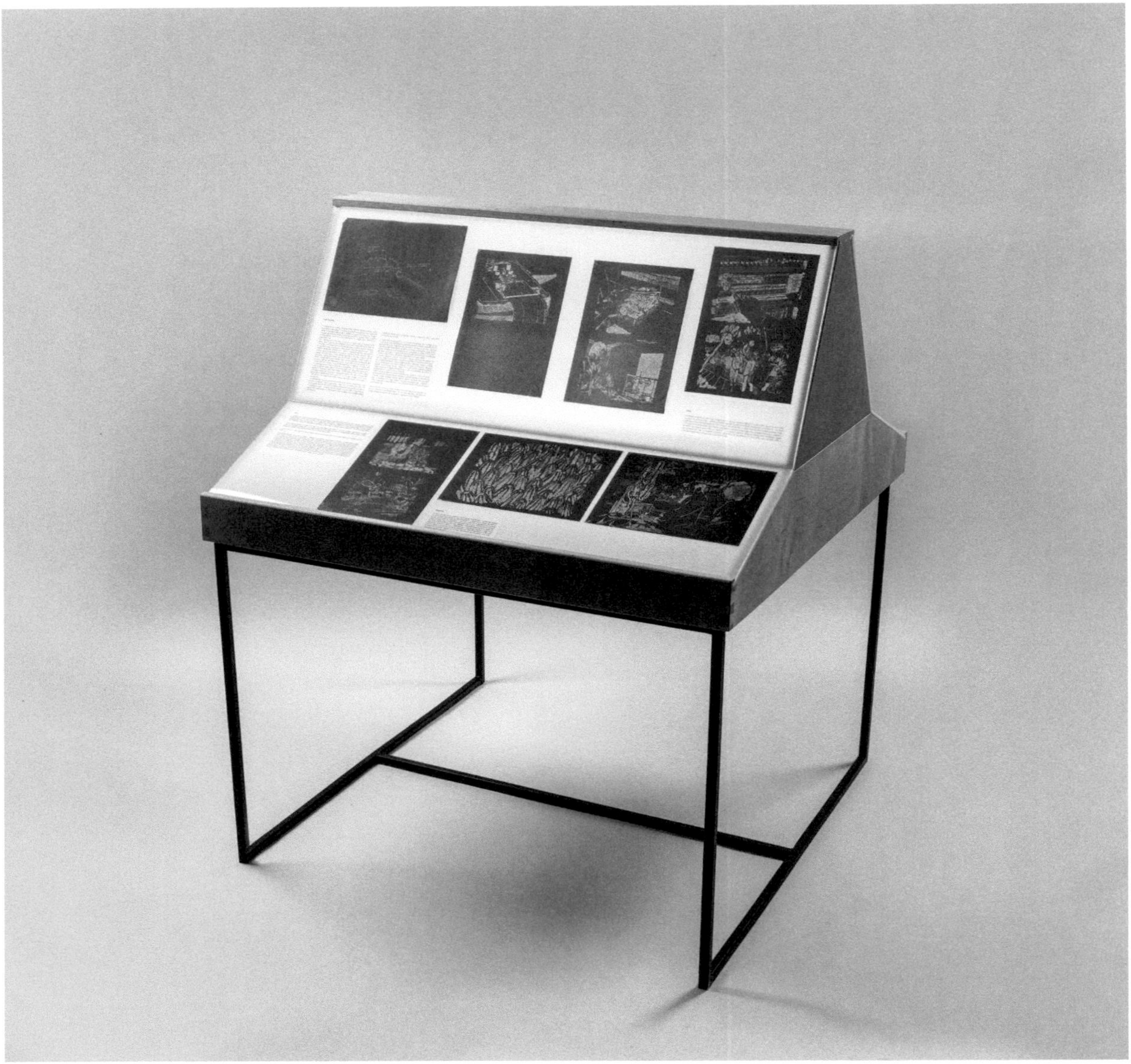

53. kat. sz.

Hatházi László András (1978)
Kertkapcsolat

2012
Átvilágító asztal, indigó, papír, indigórajz

Cat. no. 53

László András Hatházi (1978)
Direct Garden Access

2012
Light table and carbon paper drawing on carbon paper

Hatházi László András *Kertkapcsolat* című installációja ember és növényvilág urbánus kapcsolatát, valamint a növények közötti kommunikáció lehetséges megjelenési formáit vizsgálja. A növények érzékelése és kommunikációja régóta témája a természettudományos kutatásnak, melynek során bizonyítást nyert, hogy a növények képesek érzékelni a közvetlen környezetükből érkező hatásokat.

Az installáció egyik kiindulópontja Enyedi Ildikó *Simon mágus* című filmjének egy részlete, melyben Simon elektronikai eszközök használatával képes megfigyelni egy növény érzelmi reakcióit és ennek segítségével old meg egy gyilkosságot. Hatházi a film hatására kezdett kutatni, amely során eljutott az installációban is megjelenő indigórajzok egyik forrásához, Walon Green 1978-as, *The Secret Life of Plants (A növények titkos élete)* című dokumentumfilmjéhez. A film több különböző történetben mutatja be, hogy a növények hogyan érzékelik a környezetüket és hogyan képesek reagálni rá: Cleve Backster kutatásában egy poligráf segítségével tanulmányozza egy filodendron reakcióit, dr. Hashimoto és felesége olyan műszereket készítettek, amelyek a kaktusz által kibocsátott jeleket voltak képesek emberi hanggá alakítani, míg orosz kísérletek bebizonyították, hogy egy káposzta képes azonosítani társa kivégzőjét. Hatházi installációjában tematizálja a bolygón létező életek közötti titokzatos kapcsolatot.

László András Hatházi's installation *Direct Garden Access* explores the urbanised relationship between humankind and the plant kingdom, as well as possible manifestations of communication between plants. Plant perception and communication have long been the subject of scientific research, during which evidence has been found that plants can perceive their immediate environment.

One of the inspirations behind the installation is a scene from Ildikó Enyedi's film *Simon, the Magician,* in which Simon uses electronic devices to observe the emotional reactions of a plant, enabling him to solve a murder case. Prompted by the film, Hatházi began to carry out research that led him to one of the sources of the indigo drawings that feature in the installation: Walon Green's 1978 documentary *The Secret Life of Plants.* Through a variety of stories, the film demonstrates how plants sense their environment and are capable of reacting to it: researcher Cleve Backster used a polygraph to investigate the reactions of a philodendron; Dr Hashimoto and his wife produced instruments capable of recording signals emitted by cacti and transposing them into the human voice; while Russian experiments yielded evidence that a cabbage is able to identify the person responsible for destroying a neighbouring cabbage. The subject of Hatházi's installation is the mysterious connection between the living beings on Earth.

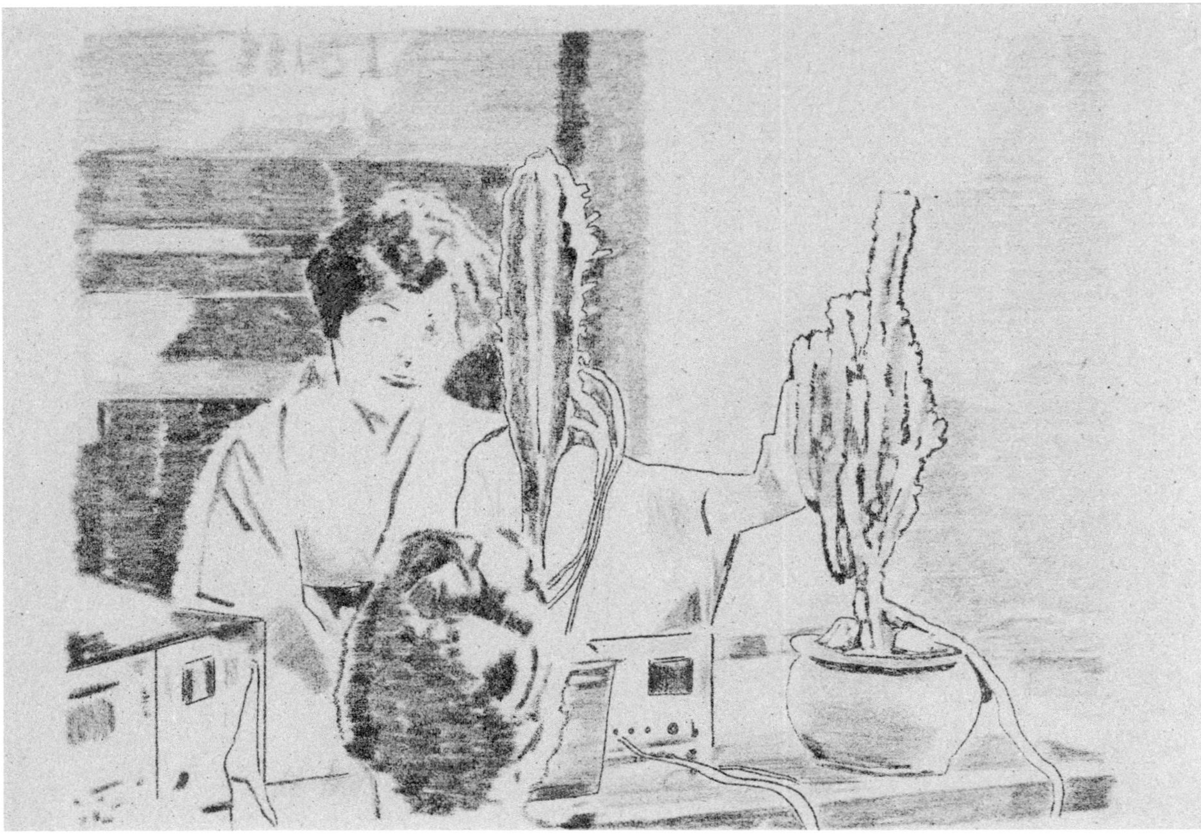

53. kat. sz.

Hatházi László András (1978)
Kertkapcsolat, részlet

2012
Átvilágító asztal, indigó, papír, indigórajz

Cat. no. 53

László András Hatházi (1978)
Direct Garden Access, detail

2012
Light table and carbon paper drawing on carbon paper

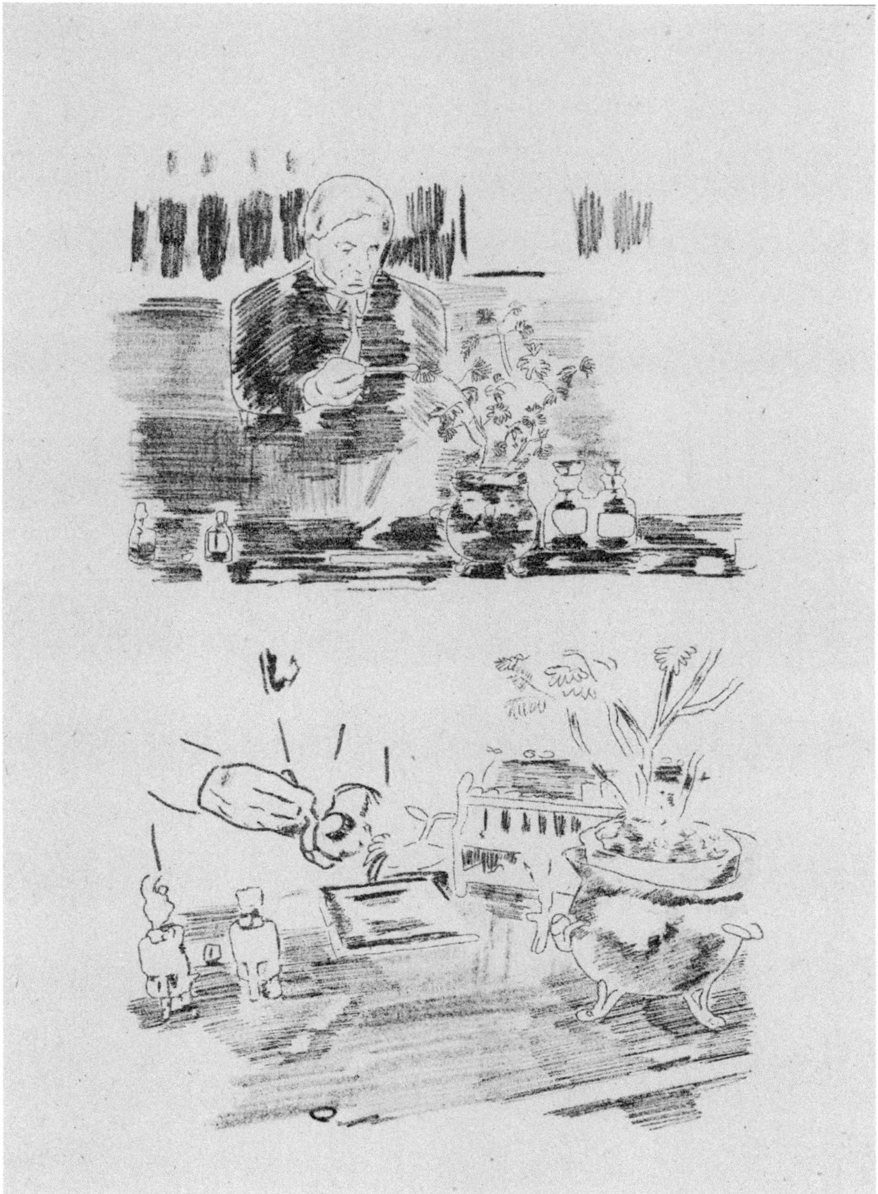

53. kat. sz.

Hatházi László András (1978)
Kertkapcsolat, részlet

2012
Átvilágító asztal, indigó, papír, indigórajz

Cat. no. 53

László András Hatházi (1978)
Direct Garden Access, detail

2012
Light table and carbon paper drawing on carbon paper

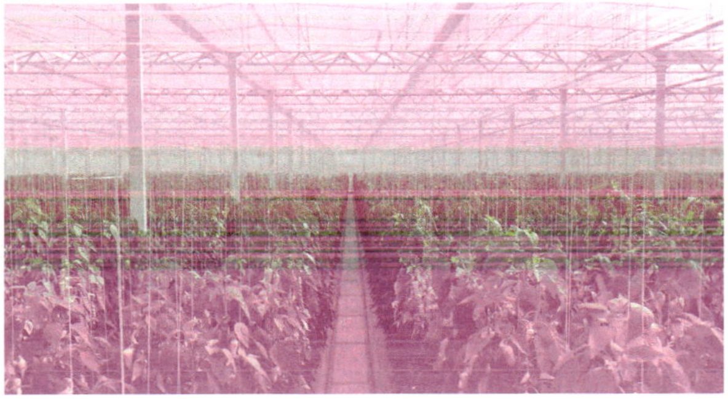

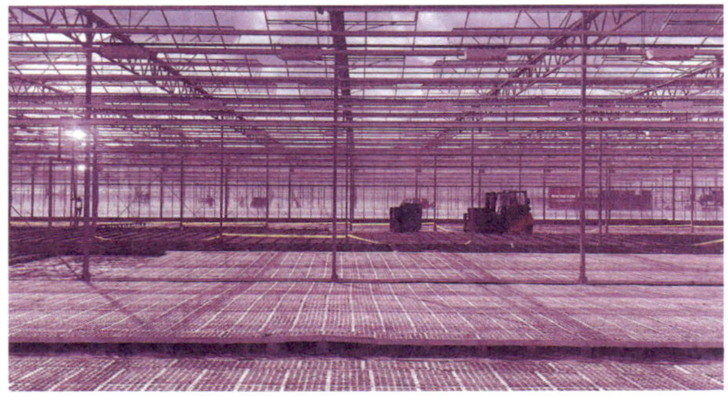

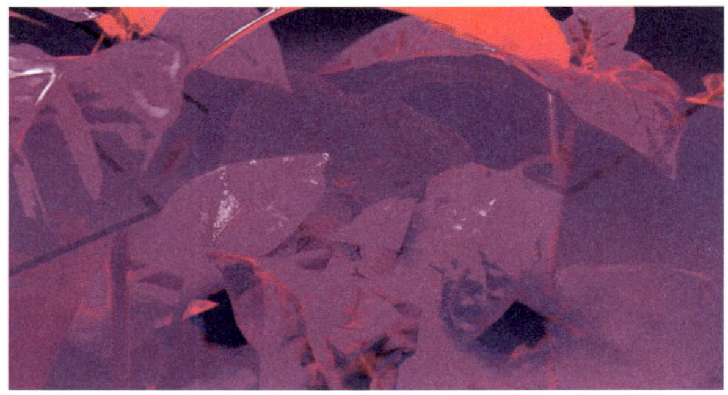

54. kat. sz.

Fuzzy Earth [GEDEON Tekla (1993);
Sebastian GSCHANES (1989)]
Capsicum

2021
Egycsatornás HD videó

Cat. no. 53

Fuzzy Earth [Tekla GEDEON (1993);
Sebastian GSCHANES (1989)]
Capsicum

2021
Single channel HD video

A Fuzzy Earth kollektíva tagjai (GEDEON Tekla és Sebastian GSCHANES) interdiszciplináris kutatás-alapú projekteket hoznak létre, melyekben alkalmazzák az építészet, a design, a képzőművészet, a technológia, a mezőgazdaság és hortikultúra tudásanyagát és módszereit. Munkáikban a klímakatasztrófa kontextusában vizsgálják az ember, a természet és a technológia viszonyát a spekulatív design eszközein keresztül.

Capsicum című videójuk a *Nem egészen kaliforniai csoda* projekt részeként jött létre, melyben a paprikanövényt mint ökológiai tényezőt, ételt és politikai szimbólumot vizsgálták. A videómunkában a paprika egyes szám első személyben szólal meg, így egy olyan növény nézőpontja és története bontakozik ki, melyet az ember saját igényei alapján helyezett új környezetbe és alakított. Ugyan fiktív, az emberi megértés számára optimális módon nyílik kifejezési terep a növény számára, az emberen kívüli szemszögből elmondott történet empátiát és a megértés szándékát ébreszti a nézőben.

A narrátor hangneme árnyalt, nem a düh vagy lázadás, inkább sorsának elfogadása jellemzi. Ismerteti, hogyan került el az eredeti élőhelyéről, hogyan változtak meg fizikai sajátosságai a nemesítés és génmódosítás révén az ember élelmezési és esztétikai igényeinek megfelelően, és hogyan szabták meg életének körülményeit gépesített környezetben, a terméshozamra optimalizálva. Ennek ellenére hangsúlyozza törődő, szimbiotikus kapcsolatát az emberrel, egyben kifejezi reményét, hogy az végre meghallja a hangját.

The members of the Fuzzy Earth collective (Tekla GEDEON and Sebastian GSCHANES) implement projects based on interdisciplinary research, applying the knowledge and methodologies of architecture, design, fine art, technology, agriculture, and horticulture. Using the tools of speculative design, their work explores the relationship between humankind, nature, and technology in the context of the climate catastrophe.

Their video *Capsicum* was created as part of the project *Not Quite California Wonder*, in which they explored the role of the bell pepper as ecological component, food, and political symbol. The bell pepper speaks in the video in the first-person singular, voicing the perspective and story of a plant that has been introduced into a new environment based on human demands, and manipulated to meet human expectations. Although the speaking plant is a fictional device that allows it to be understood by humans, the story, told from a suprahuman perspective, awakens in the viewer a sense of empathy and a desire to understand.

The narrator's tone is nuanced, characterised not by anger or revolt but rather by an acceptance of their fate. The narrator describes how they were transferred from their original habitat, how their physical attributes have been altered by means of breeding and genetic engineering to meet human nutritional and aesthetic requirements, and how their living conditions have been imposed in a mechanised environment for optimal yield. Despite this, the narrator emphasises their caring, symbiotic relationship with humankind, at the same time expressing the hope that one day their voice will be heard.

1. szekció: A fenséges táj

1. kat. sz.
iski KOCSIS Tibor (1972)
Itt-ott, Hommage à Caspar David (triptichon)
2012
Színes fotó, szén, papír
360 × 390 mm, 2000 × 2400 mm, 2000 × 2400 mm
Szépművészeti Múzeum – Magyar Nemzeti Galéria, Budapest
Ltsz. MM2014.1.1, MM2014.1.2, MM2014.1.3

2. kat. sz.
Adelsteen NORMANN (1848–1918)
A Nærøy-fjord Norvégiában
1870–1887
Olaj, vászon
215,5 × 322 cm
Szépművészeti Múzeum – Magyar Nemzeti Galéria, Budapest
Ltsz. 70.B

3. kat. sz.
SZABÓ Ádám (1972)
Kanyon, Y-nak
2004
Mészkő, videó
Szobor: 5,5 × 49 × 65 cm; videó: 4'22" loop
Szépművészeti Múzeum – Magyar Nemzeti Galéria, Budapest
Ltsz. MM2024.136
Fotó: © ROTH Péter

4. kat. sz.
MEDNYÁNSZKY László (1852–1919)
Holdas táj
1907 körül
Olaj, fa
24 × 32 cm
Szépművészeti Múzeum – Magyar Nemzeti Galéria, Budapest
Ltsz. 55.317

5. kat. sz.
KASZÁS Tamás Tibor (1976)
Eszképista történet (Erdei iskola)
2016
Digitális diavetítés, színes, hang
12'54"
A művész jóvoltából
Fotó: © Kaszás Tamás Tibor

2. szekció: Kisajátított természet

6. kat. sz.
DEZSŐ Tamás (1978)
Kings Canyon, Sierra Nevada, Kalifornia
2023
Bárium-szulfát bevonatú pamutpapír, archív pigmentprint
152,5 × 122 cm
Szépművészeti Múzeum – Magyar Nemzeti Galéria, Budapest
Ltsz. MM2023.24

Section 1: Sublime Landscape

Cat. no. 1
iski KOCSIS Tibor (1972)
Here-There, Hommage à Caspar David (triptych)
2012
Colour photo and charcoal on paper
360 × 390 mm, 2000 × 2400 mm, 2000 × 2400 mm
Museum of Fine Arts – Hungarian National Gallery, Budapest
Inv. no. MM2014.1.1, MM2014.1.2, MM2014.1.3

Cat. no. 2
Adelsteen NORMANN (1848–1918)
The Nærøyfjord in Norway
1870–1887
Oil on canvas
215.5 × 322 cm
Museum of Fine Arts – Hungarian National Gallery, Budapest
Inv. no. 70.B

Cat. no. 3
SZABÓ Ádám (1972)
Canyon, for Y
2004
Limestone, video
Sculpture: 5.5 × 49 × 65 cm; video: 4'22" loop
Museum of Fine Arts – Hungarian National Gallery, Budapest
Inv. no. MM2024.136
Photo by: © Péter ROTH

Cat. no. 4
MEDNYÁNSZKY László (1852–1919)
Landscape by Moonlight
Ca. 1907
Oil on wood
24 × 32 cm
Museum of Fine Arts – Hungarian National Gallery, Budapest
Inv. no. 55.317

Cat. no. 5
KASZÁS Tamás Tibor (1976)
Escapist Story (Forest School)
2016
Digital slideshow, colour, sound
12'54"
Courtesy of the artist
Photo by: © Tamás Tibor Kaszás

Section 2: Appropriated Nature

Cat. no. 6
DEZSŐ Tamás (1978)
Kings Canyon, Sierra Nevada, California
2023
Archive pigment print on cotton paper with barium sulphate coating
152.5 × 122 cm
Museum of Fine Arts – Hungarian National Gallery, Budapest
Inv. no. MM2023.24

7. kat. sz.
BÖRÖCZ András (1956)
Demeter
2017
Kozoág, laminált, faragott ceruzák
100 × 165 × 30 cm
Szépművészeti Múzeum – Magyar Nemzeti Galéria, Budapest
Ltsz. MM2019.2

8. kat. sz.
GOSZTOLA Kitti (1986)
Aesculus hippocastanum
(*a Jó fa, jó hely* sorozatból, 2013–)
2023
Tus, papír, vadgesztenye, SAN lemez
55 × 77 cm
Taródy–Tóth-gyűjtemény

Picea abies
(*a Jó fa, jó hely* sorozatból, 2013–)
2013
Tus, papír, lucfenyő, SAN lemez
62 × 99 cm
Magángyűjtemény

Fraxinus ornus
(*a Jó fa, jó hely* sorozatból, 2013–)
2024
Tus, papír, kőris, SAN lemez
64 × 65 cm
A művész és a Kisterem Galéria jóvoltából

9. kat. sz.
Sebastião SALGADO (1944)
Aranybánya, Serra Pelada
1986
Ezüstzselatin nagyítás
82,5 × 54 cm
Szépművészeti Múzeum – Magyar Nemzeti Galéria, Budapest
Ltsz. FM.2022.1.1
HUNGART © 2025

10. kat. sz.
MEDNYÁNSZKY László (1852–1919)
Elhagyott téglagyárak
Éjféli hangulat
1900 körül
Olaj, vászon
81 × 100 cm
Szépművészeti Múzeum – Magyar Nemzeti Galéria, Budapest
Ltsz. 55.305

11. kat. sz.
SÜVEGES Rita (1986)
Fekete arany
2020
Akril, vászon
150 × 300 cm
A művész jóvoltából
Fotó: © SIMON Zsuzsanna

Cat. no. 7
BÖRÖCZ András (1956)
Demeter
2017
Kozo (Japanese paper mulberry) and laminated, carved pencils
100 × 165 × 30 cm
Museum of Fine Arts – Hungarian National Gallery, Budapest
Inv. no. MM2019.2

Cat. no. 8
GOSZTOLA Kitti (1986)
Aesculus hippocastanum
(from the series *Right Tree, Right Place*, 2013–)
2023
India ink on paper, horse chestnut, SAN plate
55 × 77 cm
Taródy–Tóth Collection

Picea abies
(from the series *Right Tree, Right Place*, 2013–)
2013
India ink on paper, spruce, SAN plate
62 × 99 cm
Private collection

Fraxinus ornus
(from the series *Right Tree, Right Place*, 2013–)
2024
India ink on paper, ash, SAN plate
64 × 65 cm
Courtesy of the artist and Kisterem Gallery, Budapest

Cat. no. 9
Sebastião SALGADO (1944)
Goldmine, Serra Pelada
1986
Gelatin silver print
82.5 × 54 cm
Museum of Fine Arts – Hungarian National Gallery, Budapest
Inv. no. FM.2022.1.1
HUNGART © 2025

Cat. no. 10
MEDNYÁNSZKY László (1852–1919)
Abandoned Brickworks
Midnight Mood
Ca. 1900
Oil on canvas
81 × 100 cm
Museum of Fine Arts – Hungarian National Gallery, Budapest
Inv. no. 55.305

Cat. no. 11
SÜVEGES Rita (1986)
Black Gold
2020
Acrylic on canvas
150 × 300 cm
Courtesy of the artist
Photo by: © Zsuzsanna SIMON

12. kat. sz.
Ólafur ELÍASSON (1967)
Olvadó jég Gunnar földjén
2008
C-print
Somlói Zsolt és Spengler Katalin gyűjteménye
HUNGART © 2025

13. kat. sz.
BUKTA Imre (1952)
Locsolják a búzaföldet
1985
Tempera, tus, akvarell, ceruza, papír
725 × 1015 mm
Szépművészeti Múzeum – Magyar Nemzeti Galéria, Budapest
Ltsz. MM87.152

14. kat. sz.
BARANYAI Levente (1966)
Csehszlovák nyár
Biogeometria 7.
2002
Olaj, vászon
127 × 170 cm
Szépművészeti Múzeum – Magyar Nemzeti Galéria, Budapest
Ltsz. / Inv. no. MM2002.65.2

15. kat. sz.
SZŐNYI István (1894–1960)
Megérkezik az első Sztalinyec
Mezőgazdasági panneau-vázlat V.
1952
Tempera, papír
70 × 69 cm
Szépművészeti Múzeum – Magyar Nemzeti Galéria, Budapest
Ltsz. 56.228T

3. szekció: Konstruált táj

16. kat. sz.
Gustave COURBET (1819–1877)
A Léri-forrás Chassagne-ban
1863
Olaj, vászon
65,5 × 81 cm
Szépművészeti Múzeum – Magyar Nemzeti Galéria, Budapest
Ltsz. 458.B

17. kat. sz.
Ex-Artists' Collective [KASZÁS Tamás Tibor (1976);
LORÁNT Anikó Erzsébet (1977–2020)]
Egy almafa fellélegzik
2014
Video loop
0'43"
A művész jóvoltából
Fotó: © Kaszás Tamás Tibor

Cat. no. 12
Ólafur ELÍASSON (1967)
Melting Ice on Gunnar's Land
2008
C-print
Collection of Zsolt Somlói and Katalin Spengler
HUNGART © 2025

Cat. no. 13
BUKTA Imre (1952)
Watering the Wheat Field
1985
Tempera, India ink, watercolour, and pencil on paper
725 × 1015 mm
Museum of Fine Arts – Hungarian National Gallery, Budapest
Inv. no. MM87.152

Cat. no. 14
BARANYAI Levente (1966)
Summer in Czechoslovakia
Biogeometry 7
2002
Oil on canvas
127 × 170 cm
Museum of Fine Arts – Hungarian National Gallery, Budapest
Inv. no. MM2002.65.2

Cat. no. 15
SZŐNYI István (1894–1960)
The Arrival of the First Stalinets
Sketch for agricultural panel painting V
1952
Tempera on paper
70 × 69 cm
Museum of Fine Arts – Hungarian National Gallery, Budapest
Inv. no. 56.228T

Section 3: Constructed Landscapes

Cat. no. 16
Gustave COURBET (1819–1877)
The Spring of Léri in Chassagne
1863
Oil on canvas
65.5 × 81 cm
Museum of Fine Arts – Hungarian National Gallery, Budapest
Inv. no. 458.B

Cat. no. 17
Ex-Artists' Collective [Tamás Tibor KASZÁS (1976);
Anikó Erzsébet LORÁNT (1977–2020)]
An Apple Tree Finally Breathes Freely
2014
Video loop
0'43"
Courtesy of the artist
Photo by: © Tamás Tibor Kaszás

18. kat. sz.
FERENCZY Noémi (1890–1957)
Kertésznők (szőnyegterv)
1923
Gouache, papír
398 × 371 mm
Szépművészeti Múzeum – Magyar Nemzeti Galéria, Budapest
Ltsz. 1925-1141

Cat. no. 18
FERENCZY Noémi (1890–1957)
Gardeners (carpet design)
1923
Gouache on paper
398 × 371 mm
Museum of Fine Arts – Hungarian National Gallery, Budapest
Inv. no. 1925-1141

19. kat. sz.
EMBER Sári (1985)
Berry at Dusk, Berry at Dawn
2013
C-print
350 × 300 mm
Szépművészeti Múzeum – Magyar Nemzeti Galéria, Budapest
Ltsz. MM2016.22.1, MM2016.22.2

Cat. no. 19
EMBER Sári (1985)
Berry at Dusk, Berry at Dawn
2013
C-print
350 × 300 mm
Museum of Fine Arts – Hungarian National Gallery, Budapest
Inv. nos. MM2016.22.1, MM2016.22.2

20. kat. sz.
EMBER Sári (1985)
Kert I.
2013
C-print
1000 × 1100 mm
Szépművészeti Múzeum – Magyar Nemzeti Galéria, Budapest
Ltsz. MM2016.23

Cat. no. 20
EMBER Sári (1985)
Garden I
2013
C-print
1000 × 1100 mm
Museum of Fine Arts – Hungarian National Gallery, Budapest
Inv. no. MM2016.23

21. kat. sz.
Alan SONFIST (1946)
New York City fáinak génbankja
1974
Ezüstzselatin nagyítás
203 × 254 mm, teljes méret: 161 × 140 cm
Szépművészeti Múzeum – Magyar Nemzeti Galéria, Budapest
Ltsz. FM.2015.1.1
Fotó: © Orosz Márton
HUNGART © 2025

Cat. no. 21
Alan SONFIST (1946)
Gene Bank of the Trees of New York City
1974
Gelatin silver print
each: 203 × 254 mm, together: 161 × 140 cm
Museum of Fine Arts – Hungarian National Gallery, Budapest
Inv. no. FM.2015.1.1
Photo by: © Márton OROSZ
HUNGART © 2025

4. szekció: Tájkísérletek

Section 4: Landscape Experiments

22. kat. sz.
HARIS László (1943)
Jel és árnyék
1975–1978
Ezüstzselatin (vintage)
166 × 180 mm / db
Szépművészeti Múzeum – Magyar Nemzeti Galéria, Budapest
Ltsz. MM2010.75

Cat. no. 22
HARIS László (1943)
Sign and Shadow
1975–1978
Gelatin silver print (vintage)
166 × 180 mm / piece
Museum of Fine Arts – Hungarian National Gallery, Budapest
Inv. no. MM2010.75

23. kat. sz.
KISMÁNYOKI Károly (1943–2018)
SZÍJÁRTÓ Kálmán (1946)
Tájátalakítás (1–4.) (Látóhatár)
1970
Vintage fotónagyítás
148 × 226 mm
Szépművészeti Múzeum – Magyar Nemzeti Galéria, Budapest
Ltsz. MM2016.52

Cat. no. 23
KISMÁNYOKI Károly (1943–2018)
SZÍJÁRTÓ Kálmán (1946)
Landscaping (1–4) (Horizon)
1970
Vintage photo print
148 × 226 mm
Museum of Fine Arts – Hungarian National Gallery, Budapest
Inv. no. MM2016.52

24. kat. sz.
ATTALAI Gábor (1934–2011)
Red-y made-sorozat
1978
Akril, ofszet, papír
325 × 340 mm
Szépművészeti Múzeum – Magyar Nemzeti Galéria, Budapest
Ltsz. MM2015.15.7, MM2015.15.8

Red-y made sorozat/566, Project for Painted Rocks
1978
Akril, ofszet, papír
325 × 340 mm
Szépművészeti Múzeum – Magyar Nemzeti Galéria, Budapest Ltsz. MM2015.15.9

25. kat. sz.
Barbara LEISGEN (1940–2017)
Michael LEISGEN (1944)
Természetes kapcsolat
1973
Ezüstzselatin nagyítás
300 × 420 mm
Szépművészeti Múzeum – Magyar Nemzeti Galéria, Budapest
Ltsz. FOTO.90.3, FOTO.90.4, FOTO.90.5
HUNGART © 2025

26. kat. sz.
LADIK Katalin (1942)
Újvidék leeresztése a Dunán (1–2.)
1973
Vintage fotónagyítás
240 × 180 mm
Szépművészeti Múzeum – Magyar Nemzeti Galéria, Budapest
Ltsz. MM2016.68

27. kat. sz.
KORONCZI Endre (1968)
AdultusSpiritus – OpenAir installációk a Ploubuter Parkban
2018–2024
Full HD video loop (1920 × 1080)
A művész jóvoltából
Fotó: © Koronczi Endre

28. kat. sz.
GYENIS Tibor (1970)
Terület
2004
Lambda print, fa
70 × 100 cm
Magángyűjtemény
Fotó: © Gyenis Tibor

29. kat. sz.
GYENIS Tibor (1970)
Állam
2010
Faragott lambda nyomat és pigment fafelületen
120 × 170 cm
A művész jóvoltából
Fotó: © Gyenis Tibor

Cat. no. 24
ATTALAI Gábor (1934–2011)
Red-y made Series
1978
Acrylic and offset print on paper
325 × 340 mm
Museum of Fine Arts – Hungarian National Gallery, Budapest
Inv. no. MM2015.15.7, MM2015.15.8

Red-y made Series/566, Project for Painted Rocks
1978
Acrylic and offset print on paper
325 × 340 mm
Museum of Fine Arts – Hungarian National Gallery, Budapest
Inv. no. MM2015.15.9

Cat. no. 25
Barbara LEISGEN (1940–2017)
Michael LEISGEN (1944)
Natürliche Korrespondenz
1973
Gelatin silver print
300 × 420 mm
Museum of Fine Arts – Hungarian National Gallery, Budapest
Inv. no. FOTO.90.3, FOTO.90.4, FOTO.90.5
HUNGART © 2025

Cat. no. 26
LADIK Katalin (1942)
Float Novi Sad Down the Danube (1–2)
1973
Vintage photo print
240 × 180 mm
Museum of Fine Arts – Hungarian National Gallery, Budapest
Inv. no. MM2016.68

Cat. no. 27
KORONCZI Endre (1968)
AdultusSpiritus – OpenAir installations at Ploubuter Park
2018–2024
Full HD video loop (1920 × 1080)
Courtesy of the artist
Photo by: © Endre Koronczi

Cat. no. 28
GYENIS Tibor (1970)
Area
2004
Lambda print on wood
70 × 100 cm
Private collection
Photo by: © Tibor Gyenis

Cat. no. 29
GYENIS Tibor (1970)
State
2010
Carved lambda print and pigment on wood
120 × 170 cm
Courtesy of the artist
Photo by: © Tibor Gyenis

30. kat. sz.
GECSER Lujza (1943–1988)
Híd
1975
Szövött, kötözött szizál
Reprodukció
A reprodukció forrása: *Eleven textil: 1968–1978–1988. Válogatás a modern magyar textilművészeti alkotásokból.* A Műcsarnok és a Savaria Múzeum kiállítása, 1988. július 28. – szeptember 11. Kiállítási katalógus. Budapest, 1988. 40.

Cat. no. 30
GECSER Lujza (1943–1988)
Bridge
1975
Woven, corded sisal
Reproduction
Source of reproduction: *Eleven textil: 1968–1978–1988. Válogatás a modern magyar textilművészeti alkotásokból.* Joint exhibiton of the Budapest Kunsthalle and Savaria Museum, 28 July – 11 September 1988. Exh. cat. Budapest, 1988. 40.

31. kat. sz.
BAJKÓ Anikó (1947)
Fotó: © HALÁSZ Károly (1946–2016)
Mohácsi textiltemető
1978
Színes dia
Reprodukció
A reprodukció forrása: *Eleven textil: 1968–1978–1988. Válogatás a modern magyar textilművészeti alkotásokból.* A Műcsarnok és a Savaria Múzeum kiállítása, 1988. július 28. – szeptember 11. Kiállítási katalógus. Budapest, 1988. 132-133.

Cat. no. 31
BAJKÓ Anikó (1947)
Photo by: © Károly HALÁSZ (1946–2016)
Textile Cemetery in Mohács
1978
Colour slide
Reproduction
Source of reproduction: *Eleven textil: 1968–1978–1988. Válogatás a modern magyar textilművészeti alkotásokból.* Joint exhibiton of the Budapest Kunsthalle and Savaria Museum, 28 July – 11 September 1988. Exh. cat. Budapest, 1988. 132-133.

32. kat. sz.
LOVAS Ilona (1946–1921)
Vonal
1976
Szövött damil, üvegszál
Reprodukció
A reprodukció forrása: *Eleven textil: 1968–1978–1988. Válogatás a modern magyar textilművészeti alkotásokból.* A Műcsarnok és a Savaria Múzeum kiállítása, 1988. július 28. – szeptember 11. Kiállítási katalógus. Budapest, 1988. 47.

Cat. no. 32
LOVAS Ilona (1946–1921)
Line
1976
Woven fishing line, fibreglass
Reproduction
Source of reproduction: *Eleven textil: 1968–1978–1988. Válogatás a modern magyar textilművészeti alkotásokból.* Joint exhibiton of the Budapest Kunsthalle and Savaria Museum, 28 July – 11 September 1988. Exh. cat. Budapest, 1988. 47.

5. szekció: Kiűzetés előtt, kiűzetés után

Section 5: Before and After the Expulsion

33. kat. sz.
MOKRY MÉSZÁROS Dezső (1881–1970)
Élet idegen planétán
É. n.
Olaj, karton
26 × 32 cm
Szépművészeti Múzeum – Magyar Nemzeti Galéria, Budapest
Ltsz. 66.6T

Cat. no. 33
MOKRY MÉSZÁROS Dezső (1881–1970)
Life on Another Planet
N. d.
Oil on cardboard
26 × 32 cm
Museum of Fine Arts – Hungarian National Gallery, Budapest
Inv. no. 66.6T

34. kat. sz.
MOKRY MÉSZÁROS Dezső (1881–1970)
Ősvilág
1926
Olaj, karton
28 × 34 cm
Szépművészeti Múzeum – Magyar Nemzeti Galéria, Budapest
Ltsz. 88.27T

Cat. no. 34
MOKRY MÉSZÁROS Dezső (1881–1970)
Prehistoric World
1926
Oil on cardboard
28 × 34 cm
Museum of Fine Arts – Hungarian National Gallery, Budapest
Inv. no. 88.27T

35. kat. sz.
NYÁRI Lóránt (1928–1982)
Sziget I.
1970
Gesso, fa
140 × 90 cm
Szépművészeti Múzeum – Magyar Nemzeti Galéria, Budapest
Ltsz. 71.16T

36. kat. sz.
NYÁRI Lóránt (1928–1982)
Metamorfózis – Medúzák
1978
Szitanyomás, papír
290 × 190 mm
Szépművészeti Múzeum – Magyar Nemzeti Galéria, Budapest
Ltsz. G78.1

37. kat. sz.
NYÁRI Lóránt (1928–1982)
Metamorfózis – Hidrák
1978
Szitanyomás, papír
290 × 190 mm
Szépművészeti Múzeum – Magyar Nemzeti Galéria, Budapest
Ltsz. G78.3

38. kat. sz.
NYÁRI Lóránt (1928–1982)
Metamorfózis – Gorgók
1978
Szitanyomás, papír
290 × 190 mm
Szépművészeti Múzeum – Magyar Nemzeti Galéria, Budapest
Ltsz. G78.2

39. kat. sz.
JÁRITZ Józsa (1893–1986)
Kompozíció nyolc akttal
1915
Szén, papír
470 × 620 mm
Szépművészeti Múzeum – Magyar Nemzeti Galéria, Budapest
Ltsz. F94.97

40. kat. sz.
JÁRITZ Józsa (1893–1986)
Tenger
1980–1985
Olaj, vászon
68 × 102 cm
Szépművészeti Múzeum – Magyar Nemzeti Galéria, Budapest
Ltsz. 86.57T

41. kat. sz.
RÓZSA Luca Sára (1990)
A zsákmány (Embernyáj)
2022
Olaj, vászon
168 × 150 cm
Koch Gyűjtemény

Cat. no. 35
NYÁRI Lóránt (1928–1982)
Island I
1970
Gesso on wood
140 × 90 cm
Museum of Fine Arts – Hungarian National Gallery, Budapest
Inv. no. 71.16T

Cat. no. 36
NYÁRI Lóránt (1928–1982)
Metamorphosis – Medusas
1978
Silk screen print on paper
290 × 190 mm
Museum of Fine Arts – Hungarian National Gallery, Budapest
Inv. no. G78.1

Cat. no. 37
NYÁRI Lóránt (1928–1982)
Metamorphosis – Hydras
1921
Silk screen print on paper
290 × 190 mm
Museum of Fine Arts – Hungarian National Gallery, Budapest
Inv. no. G78.3

Cat. no. 38
NYÁRI Lóránt (1928–1982)
Metamorphosis – Gorgons
1978
Silk screen print on paper
290 × 190 mm
Museum of Fine Arts – Hungarian National Gallery, Budapest
Inv. no. G78.2

Cat. no. 39
JÁRITZ Józsa (1893–1986)
Composition with Eight Nudes
1915
Charcoal on paper
470 × 620 mm
Museum of Fine Arts – Hungarian National Gallery, Budapest
Inv. no. F94.97

Cat. no. 40
JÁRITZ Józsa (1893–1986)
Sea
1980–1985
Oil on canvas
68 × 102 cm
Museum of Fine Arts – Hungarian National Gallery, Budapest
Inv. no. 86.57T

Cat. no. 41
RÓZSA Luca Sára (1990)
The Prey (Human Herd)
2022
Oil on canvas
168 × 150 cm
Koch Collection

42. kat. sz.
TRANKER Kata (1989)
Teremtő tállal
2021
Papírmassza, zúzott kő, kvarchomok, kristály
48 × 55 × 100 cm
A művész jóvoltából
Fotó: © BIRO Dávid

43. kat. sz.
TRANKER Kata (1989)
Teremtő emberekkel
2021
Papírmassza, zúzott kő
45 × 55 × 100 cm
A művész jóvoltából
Fotó: © BIRO Dávid

44. kat. sz.
HORVÁTH Gideon (1990)
Szájával szólnak a szellemek
2021
Installáció

Rituálé egy egyensúlyi állapothoz
Méhviasz szobor
17 × 20 × 30 cm
Everybody Needs Art Collection
Fotó: © HORVÁTH Gideon

Az égi kutya tabuja
Méhviasz szobor
16 × 13 × 26 cm
Everybody Needs Art Collection
Fotó: © HORVÁTH Gideon

Parazsat evő paripa
Méhviasz szobor
30 × 15 × 10 cm
Fotó: © HORVÁTH Gideon

A projekt a 2021-es OFF-Biennále keretében jött létre, az xtro realm *ACLIM! Klímaképzeleti Ügynökség* című kiállításán. A kutatási munkában a művész Kiss Kata Dórával működött együtt.

6. szekció: A tájban élők nézőpontja

45. kat. sz.
TRAPP Dominika (1988)
Behálózva, eljegyezve, becsapdázva I.
2023
Tus, antik papír
650 × 480 mm
Szépművészeti Múzeum – Magyar Nemzeti Galéria, Budapest
Ltsz. MM2023.29

Cat. no. 42
TRANKER Kata (1989)
Creator with Bowl
2021
Paper pulp, crushed stone, sand, crystal
48 × 55 × 100 cm
Courtesy of the artist
Photo by: © Dávid BIRO

Cat. no. 43
TRANKER Kata (1989)
Creator with Human Beings
2021
Paper pulp, crushed stone
45 × 55 × 100 cm
Courtesy of the artist
Photo by: © Dávid BIRO

Cat. no. 44
HORVÁTH Gideon (1990)
With Their Mouth the Spirits Speak
2021
Installation

Ritual for a State of Equilibrium
Beeswax statue
17 × 20 × 30 cm
Everybody Needs Art Collection
Photo by: © Gideon HORVÁTH

The Taboo of the Celestial Dog
Beeswax statue
16 × 13 × 26 cm
Everybody Needs Art Collection
Photo by: © Gideon HORVÁTH

Ember Eating Steed
Beeswax statue
30 × 15 × 10 cm
Photo by: © Gideon HORVÁTH

The project was realised in the framework of the OFF-Biennale, at the ACLIM! Agency for Climate Imaginary exhibition organised by xtro realm. Kata Dóra Kiss and the artist cooperated on the research work.

Section 6: An Insider's View

Cat. no. 45
TRAPP Dominika (1988)
Entangled, Engaged, Ensnared I
2023
Ink on ephemera
650 × 480 mm
Museum of Fine Arts – Hungarian National Gallery, Budapest
Inv. no. MM2023.29

46. kat. sz.
TRAPP Dominika (1988)
Behálózva, eljegyezve, becsapdázva II.
2023
Tus, antik papír
660 × 480 mm
Szépművészeti Múzeum – Magyar Nemzeti Galéria, Budapest
Ltsz. MM2023.30

47. kat. sz.
Joseph BEUYS (1921–1986)
Borjú gyermekekkel
1982
Aquatinta, litográfia, papír
312 × 239 mm
Szépművészeti Múzeum, Budapest
Ltsz. P_L.2009.37
HUNGART © 2025

48. kat. sz.
Joseph BEUYS (1921–1986)
Szarvasláb
1985
Rézkarc, papír
150 × 90 mm
Szépművészeti Múzeum, Budapest
Ltsz. P_L.2009.42
HUNGART © 2025

49. kat. sz.
Joseph BEUYS (1921–1986)
Szarvasfej
Rézkarc, papír
86 × 111 mm
Szépművészeti Múzeum, Budapest
Ltsz. P_L.2009.40
HUNGART © 2025

50. kat. sz.
CSÉFALVAY András (1986)
Trilobiták – A halál völgye
Interaktív digitális játék environment
2022
A művész jóvoltából
Fotó: © Cséfalvay András

51. kat. sz.
ULBERT Ádám (1984)
megnevezetlen no. 33 (élet egy idegen planétán)
2023
Olaj, vaszon
140 × 160 cm
A művész és a Longtermhandstand Budapest jóvoltából

Cat. no. 46
TRAPP Dominika (1988)
Entangled, Engaged, Ensnared II
2023
Ink on ephemera
660 × 480 mm
Museum of Fine Arts – Hungarian National Gallery, Budapest
Inv. no. MM2023.30

Cat. no. 47
Joseph BEUYS (1921–1986)
Calf with Children
1982
Aquatint and lithograph on paper
312 × 239 mm
Museum of Fine Arts, Budapest
Inv. no. P_L.2009.37
HUNGART © 2025

Cat. no. 48
Joseph BEUYS (1921–1986)
Deer Foot
1985
Etching on paper
150 × 90 mm
Museum of Fine Arts, Budapest
Inv. no. P_L.2009.42
HUNGART © 2025

Cat. no. 49
Joseph BEUYS (1921–1986)
Deer Head
Etching on paper
86 × 111 mm
Museum of Fine Arts, Budapest
Inv. no. P_L.2009.40
HUNGART © 2025

Cat. no. 50
CSÉFALVAY András (1986)
Trilobites – The Valley of Death
Interactive game (engine) environment
2022
Courtesy of the artist
Photo by: © András Cséfalvay

Cat. no. 51
ULBERT Ádám (1984)
unnamed no. 33 (life on an alien planet)
2023
Oil on canvas
140 × 160 cm
Courtesy of the artist and Longtermhandstand Budapest

52. kat. sz.
DEZSŐ Tamás (1978)
Az állhatatosság kertje
2020–2023
Kinetikus asztal, fa, fém, acél, antik metronómok,
19. századi herbáriumpéldányok
110 × 200 × 120 cm
Einspach & Czapolai Fine Art

53. kat. sz.
HATHÁZI László András (1978)
Kertkapcsolat
2012
Átvilágító asztal, indigó, papír, indigórajz
194,5 × 11 × 75 cm
Szépművészeti Múzeum – Magyar Nemzeti Galéria, Budapest
Ltsz. MM2016.7.1–50

54. kat. sz.
Fuzzy Earth [GEDEON Tekla (1993); GSCHANES Sebastian (1989)]
Capsicum
2021
Egycsatornás HD videó
16’9”, 8’13”
A művészek jóvoltából
Fotó: © Sebastian Gschanes

Cat. no. 52
DEZSŐ Tamás (1978)
Garden of Persistence
2020–2023
Kinetic table, wood, steel wire, magnets, antique metronomes,
19th-century herbarium specimens
110 × 200 × 120 cm
Einspach & Czapolai Fine Art

Cat. no. 53
HATHÁZI László András (1978)
Direct Garden Access
2012
Light table and carbon paper drawing on carbon paper
194.5 × 11 × 75 cm
Museum of Fine Arts – Hungarian National Gallery, Budapest
Ltsz. / Inv. no. MM2016.7.1–50

Cat. no. 54
Fuzzy Earth [Tekla GEDEON (1993); Sebastian GSCHANES (1989)]
Capsicum
2021
Single channel HD video
16’9”, 8’13”
Courtesy of the artists
Photo by: © Sebastian Gschanes

Élőhely
Természet- és tájkonstrukciók

Szépművészeti Múzeum – Magyar Nemzeti Galéria, Budapest,
2025. március 20. – július 27.

Habitat
Nature and Landscape Constructs

Museum of Fine Arts – Hungarian National Gallery, Budapest
20 March – July 27 2025

Katalógus | Catalogue

A Magyar Nemzeti Galéria kiadványai | Publications of the Hungarian National Gallery, 2025/1.
Sorozatszerkesztő | Series editor: BORUS Judit

Szerkesztők | Editors of the catalogue: HARANGOZÓ Katalin, MAJOR Sára, TARR Linda Alexandra
Szerzők | Authors: FEHÉR Dávid, HARANGOZÓ Katalin, KOVÁCS Anna Zsófia, MAJOR Sára, OROSZ Márton, PETRÁNYI Zsolt, TARR Linda Alexandra
Szöveggondozás | Copy editors: BORUS Judit, KAPPANYOS Ilona, RUTTKAY Helga, WEHNER Viola
Fordítás | Translation: HIDEG Rachel, Steve KANE
Kiadványterv és képfeldolgozás | Graphic design and image processing: KAZSIK Marcell
Fotók | Reproductions: ÁMENT Gellért, BIRÓ Dávid, CSÉFALVAY András, Fuzzy Earth, GYENIS Tibor, HARASZTOS Áron, HALÁSZ Károly, HORVÁTH Gideon, KASZÁS Tamás Tibor, KORONCZI Endre, OROSZ Márton, ROTH Péter, SIMON Zsuzsanna
Reprodukciós jogok | Reproduction rights: CSEH Sylvia
Kiadói koordináció | Editorial coordination: BARABÁS Réka
Nyomdai munkálatok | Printing: Elektroproduct Nyomdaipari Kft.

ISBN 978-963-9964-35-8
ISSN 0231-2387
ISSN 0864-7291

Felelős kiadó | Published by: BAÁN László főigazgató | General Director

MAGYAR NEMZETI GALÉRIA
HUNGARIAN NATIONAL GALLERY

SZÉPMŰVÉSZETI MÚZEUM

Kiállítás | Exhibition

Kurátorok | Curators: HARANGOZÓ Katalin, MAJOR Sára, PETRÁNYI Zsolt, TARR Linda Alexandra
Kiállításszervezés | Exhibition manager: PATAKI Petra
Műtárgykölcsönzési feladatok | Registrar: KOMPORDAY Rita Zsófia
Kreatív koncept | Creative concept: ALBERT Ádám
Kiállításdesign | Exhibition design: ALBERT Ádám, FUSZ Mátyás
Kiállításgrafika | Exhibition graphic design: VISNYAI Zoltán
Installációkivitelezés | Installation: KIÁLL Kft.
Kiállítótéri szövegek | Exhibition texts: FEHÉR Dávid, HARANGOZÓ Katalin, KOVÁCS Anna Zsófia, MAJOR Sára, OROSZ Márton, PETRÁNYI Zsolt, TARR Linda Alexandra
Szöveggondozás | Copy editors: BORUS Judit, KAPPANYOS Ilona, RUTTKAY Helga
Fordítás | Translation: HIDEG Rachel, Steve KANE
Restaurálás és konzerválás | Conservation: ALMÁSY Ivor, KOVÁCS Krisztián, LEHOCZKI László, LOWACK Balázs, ORSZÁGH Borbála, RÉTFALVI Orsolya, SZEPESVÁRI Ildikó, TARCSAI Kinga, TURI-TURGONYI Emese, VARGA Dóra Krisztina
Jogi feladatok | Legal tasks: GALAMBOS Henriett, GIPPERT Adrienn, MAROSI János, RENFER Ágnes
Reprodukciós jogok | Reproduction rights: CSEH Sylvia
Gazdasági feladatok | Financial tasks: CSER Enikő, ZALKA Szilvia
Biztonsági feladatok | Security: A Biztonsági Főosztály munkatársai | Staff members of the Security Department
Kommunikáció és marketing | Communication and marketing: BÁN Blanka, BESZTERCSÉNYI-NAGY Szonja, KOVÁCS Éva, MIKLÓS Magdaléna
Kommunikációs arculatterv | Communication design: CZIPOR Adrienn
Múzeumpedagógia | Museum education: PETRŐCZ Evelin
Közönségszolgálat | Public relations: ACHA Diana, KUCSERA Panna, RUZSITS Ágnes
Baráti Kör-koordináció | Friends of the Museum coordination: RÉBÉK-SCHAY Krisztina, SZTUPKAI Marcell
Vállalati támogatói kapcsolatok | Corporate sponsorships: KÉGLI Balázs, POLGÁR Péter
Műtárgytechnikusok | Art handlers: BERTA Zsolt, BROZSEK Vilmos, BUDAI Marcell, CZINE Attila, CSUTAK Attila, ERDMANN Áron, FÜLÖP Ákos, GYENES Pál, HEFKÓ Márton, HIDASI P. Boldizsár, JUHÁSZ Ernő, KECSKÉS Tamás, KISS Ádám Zsolt, KOVÁCS Benedek, KRIVÁNYI Attila, LAKATOS Gyula, MACSKA Attila, MARTON Károly, MENYHÁRT Norbert, MÉSZÁROS József, MORÓ Zoltán, PÁSZTOR Tamás, ROSZOLY Gergő, SOBOTKA Csaba, SÓTI Ferenc, SZABÓ Kinga, TÓTH Attila, TÓTH Ferenc, VÁSÁRHELYI NAGY László
Világítás | Lighting: NAGYPÁL Sándor, NIEDERKIRCHNER Norbert, SÁNDOR Attila
Üzemeltetési feladatok | Technical team: AGÁRDI Gyöngyi, ÁGOSTON Gábor, GECSEI József, GÓDOR István, HORVÁTH István, HORVÁTH János, NAGY Balázs, RÓZSA Andreas, SZUTOR László, TOKAI Ibolya, TÓTH Máté

A Szépművészeti Múzeum – Magyar Nemzeti Galéria köszönetet mond mindazoknak az intézményeknek és magánszemélyeknek, akik műtárgyaikat a kiállításra kölcsönözték | The Museum of Fine Arts – Hungarian National Gallery would like to express its thanks to the following institutions and individuals for lending their artworks: CSÉFALVAY András, Einspach & Czapolai Fine Art, Everybody Needs Art Collection, Fuzzy Earth, GOSZTOLA Kitti, GYENIS Tibor, HORVÁTH Gideon, KASZÁS Tamás, Kisterem Galéria | Kisterem Gallery, Koch Gyűjtemény | Koch Collection, KORONCZI Endre, Longtermhandstand Budapest, Somlói Zsolt és Spengler Katalin gyűjteménye | Collection of Zsolt Somlói and Katalin Spengler, SÜVEGES Rita, Taródy–Tóth-gyűjtemény | Taródy–Tóth Collection, TRANKER Kata, ULBERT Ádám

A kiállítás és a katalógus létrejöttében nyújtott segítségéért fogadja külön köszönetünket: A Szépművészeti Múzeum – Magyar Nemzeti Galéria 1800 utáni Nemzetközi Gyűjteménye, Szépművészeti Múzeum – Magyar Nemzeti Galéria 19–20. századi Festészeti Gyűjteménye, a Szépművészeti Múzeum Grafikai Gyűjteménye, a Szépművészeti Múzeum – Magyar Nemzeti Galéria Grafikai Gyűjteménye, GÁLOS-HORVÁT Cecilia, MAJOR Péter, SASSNÉ KISS Ildikó és SIPOS Kálmán a Szépművészeti Múzeum Könyvtári Főosztályának munkatársai, valamint KUMIN Mónika, a Szépművészeti Múzeum – Magyar Nemzeti Galéria Jelenkori Gyűjteményének munkatársa, illetve a kölcsönző intézmények minden munkatársa, aki tanácsaival és segítségével hozzájárult a kiállítás megvalósításához.

Special thanks for their help in creating the exhibition and the catalogue to:
the Musem of Fine Arts, Budapest – Hungarian National Gallery's International Art after 1800 Collection; Musem of Fine Arts, Budapest – Hungarian National Gallery's 19th and 20th Century Paintings Collection; the Musem of Fine Arts, Budapest's Prints and Drawings Collection; the Musem of Fine Arts, Budapest – Hungarian National Gallery's Prints and Drawings Collection; Cecilia GÁLOS-HORVÁT, Péter MAJOR, Ildikó SASSNÉ KISS, Kálmán SIPOS of the Musem of Fine Arts, Budapest's Library; and Mónika KUMIN of the Musem of Fine Arts, Budapest – Hungarian National Gallery's Contemporary Collection, and lastly to the staff of the lending institutions, who contributed their advice and help.

Együttműködő partner | Corporate partner: KLM

Az intézmény fenntartója | Maintainer of the institution:

Kulturális és Innovációs Minisztérium

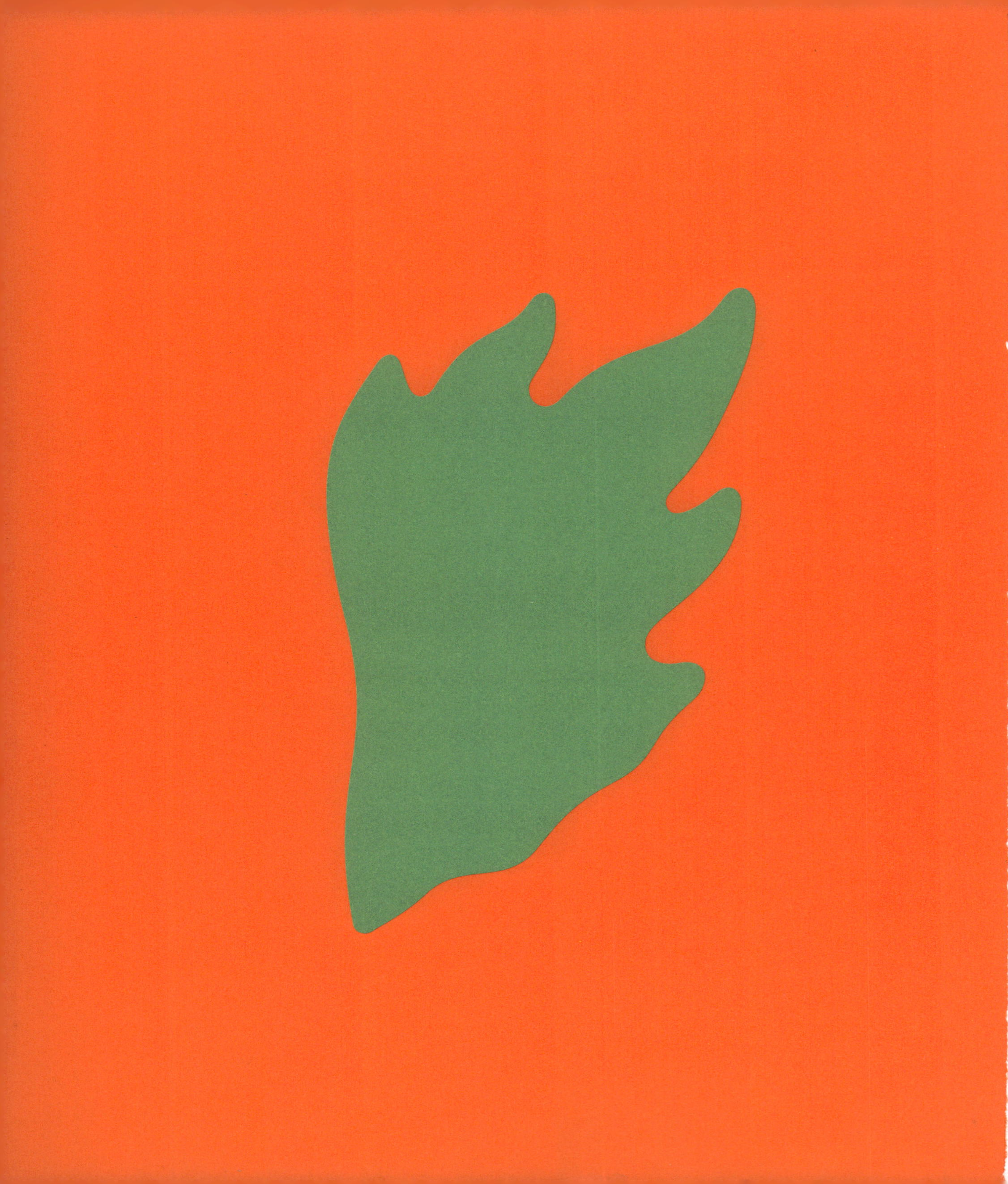